Emil Meier

SPRACHFÜHRER DER SUAHELI-SPRACHE

Emil Meier

SPRACHFÜHRER
DER
SUAHELI-SPRACHE

Deutsch—Kisuaheli

Kisuaheli—Deutsch

3., ergänzte Auflage

1989

OTTO HARRASSOWITZ · WIESBADEN

Cip-Titelaufnahme der Deutschen Bibliothek

Meier, Emil:
Sprachführer der Suaheli-Sprache :
Deutsch–Kisuaheli, Kisuaheli–Deutsch /
Emil Meier. – 8., erg. Aufl. – Wiesbaden :
Harrassowitz, 1989, 2005
 ISBN 8-447-02915-8
NE: HST

© Otto Harrassowitz, Wiesbaden 1960, 1984 1989, 1999, 2002, 2005, 2008

Das Werk einschließlich aller seiner Teile ist urheberrechtlich geschützt. Jede
Verwertung außerhalb des Urheberrechtsgesetzes bedarf der Zustimmung des
Verlages. Das gilt insbesondere für Vervielfältigungen jeder Art, Übersetzungen,
Mikroverfilmungen und für die Einspeicherung in elektronische Systeme.
Druck und Verarbeitung: Hubert & Co., Göttingen
Printed in Germany
www.harrassowitz.de
ISBN 3-447-02915-3

INHALT

Vorwort	7
Aussprache und Betonung	9
Aus der Grammatik:	
Einführung	11
Hauptwörter	13
Eigenschaftswörter	15
Zeitwörter	17
Fürwörter	25
einige Umstandswörter	28
die Zahlen	28
Zeitrechnung	31
Maße und Gewichte	31
Geld	31
Wörterverzeichnis Deutsch–Kusuaheli	34
Wörterverzeichnis Kisuaheli–Deutsch	105
Kleine Anleitung zum raschen Erlernen der Umgangssprache	123

VORWORT

Dieser Sprachführer wendet sich vor allem an deutschsprechende Touristen und Auswanderer, die ohne langes Sprachstudium mit den Eingeborenen in Ost- und Zentralafrika in Kontakt kommen möchten. Damit ist schon angedeutet, daß er weder vollständig noch sehr ausführlich sein will und kann. Die Grammatik ist nur soweit berücksichtigt, als sie für das Verständnis der Wörterverzeichnisse notwendig ist. Sie mag auch einen gewissen Einblick in die Struktur der Sprache geben.

Ki-Suaheli (Ki = Art, Eigenart, Sprache) ist die Sprache der Angehörigen des Suaheli-Stammes, deren Heimat an der Ostküste Afrikas liegt. Das Kisuaheli gehört zur Gruppe der Bantu-Sprachen und damit zur semitischen Sprachfamilie. Es ist die Grundlage geworden für eine eigentliche Amts- und Schulsprache in ganz Ostafrika und wird überall in Ost- und Zentralafrika von den meisten Eingeborenen gesprochen und verstanden. Meistens handelt es sich allerdings nicht um eine nach einer ganz bestimmten Sprachlehre festgelegten Sprache, sondern um verschiedene Dialekte; so spricht man in Mombasa das sog. „Kimvita", in Zansibar das „Kiunguja". Der Einfluß anderer Sprachen, früher hauptsächlich des Arabischen, in neuerer Zeit des Englischen und des Französischen, auf das Kisuaheli war immer sehr groß. Man stößt daher auf relativ viele Fremdwörter (d. h. nicht Bantu-Wörter). Hinzu kommt, daß ein großer Unterschied besteht zwischen dem sogenannten Küsten-Suaheli und demjenigen, das im Innern des Landes gesprochen wird. Das sogenannte „Up-Country-Suahili" trifft man hauptsächlich im Hochlande von Kenya an. Es ist vor allem von der englischen Sprache und Kultur beeinflußt, währenddem das „Kingwana", die im östlichen belgischen Kongo gesprochene Abart des Kisuaheli, mit Formen und Ausdrücken der französischen Sprache durchsetzt ist. Sehr oft werden in der Umgangssprache englische, bzw. französische Ausdrücke einfach übernommen.

Da das Kisuaheli für den Eingeborenen im Innern des Landes eine Fremdsprache ist, die er zuerst erlernen muß, kann es sehr wohl sein, daß er viele Ausdrücke des korrekten Kisuaheli gar nicht versteht. Es ist unmöglich auf kleinem Raum einen Führer zu schaffen, der allen Dialekten und Abarten dieser Sprache, ja sogar dem Sprachengemisch, das die Umgangssprache im Hochlande von Kenya und in Teilen von Zentralafrika darstellt, gerecht werden könnte. Der Benützer dieses Führers wird daher sowohl in bezug auf die Aussprache und Übersetzung, als auch auf die grammatikalischen Hinweise hie und da große Konzessionen machen müssen, um das, was in diesem Führer steht, mit dem, was er im pulsierenden Leben hört, auf einen Nenner zu bringen. Trotzdem hoffe ich, daß dieses Büchlein sich als nützlich erweisen möge.

Meilen, am Zürichsee, Weihnachten 1959.

Emil Meier

Vorwort zur 3. Auflage

Die vorliegende Ausgabe ist ergänzt worden durch einen „Anhang", der den Anfänger einführen soll in den Gebrauch der Umgangssprache, ohne langes Studium der „klassischen" Sprache der Suaheli. Da es sich um einen Führer und nicht um ein Lehrbuch handelt, war kein systematisches Vorgehen geplant. Es wurden auch keine Übungen, sondern nur einige Beispiele zur Anwendung der Wörter beigefügt.

Nicht berücksichtigt wurden Wörter und Wendungen, die im Verkehr mit öffentlichen Anstalten, wie Post, Bahn, Ämter jeglicher Art und auch Hotels betreffen, wo man durchwegs Englisch spricht.

AUSSPRACHE UND BETONUNG

Aussprache

Die **Vokale** werden wie im **Deutschen**, die **Konsonanten** wie im **Englischen** ausgesprochen.

Insbesondere gilt:

ch = *tsch* (*chakula* = *tschakùla*, Essen)
dh = wie englisch th in „this" (*haithuru* = macht nichts) wird oft auch wie „z" (vgl. unten) ausgesprochen
j = *dsch* (weich) (*jana* = *dschana*, gestern)
k = wie *ggh* (*mkati* = *mgghati*, Brot)
s = scharfes s (*sisi* = *sissi*, wir)
sh = deutsches sch (*shona* = *schona*, nähen)
th = wie engl. th, stimmlos wie in engl. „thin" (*themanini* = achtzig) wird oft auch wie „s" ausgesprochen
w = wie *u* (*wewe* = *ueue*, du)
y = wie deutsches j (*yai* = *jai*, Ei)
z = stimmhaftes s (*zaidi* = *saidi*, mehr)

Je mehr man ins Innere des Landes kommt, desto mehr entfernt sich die Aussprache vom korrekten Küsten-Kisuaheli. In Teilen des östlichen Zaïre, wo man sich mit den Eingeborenen gut auf Kisuaheli verständigen kann, sind Abweichungen besonders ausgeprägt. Je nach Gegend und Stamm sind z. B. folgende Veränderungen in der Aussprache festzustellen:

d wird zu *l* *dawa* = *lawa* Medizin
r wird zu *l* *bure* = *bule* umsonst
g wird zu *k* *kidogo* = *kiloko* klein, wenig
j wird zu *y* *maji* = *mayi* Wasser (auch an der Küste teilweise so ausgesprochen)
w wird zu *b* *ngruwe* = *ngulube*, *nguluwe* Schwein
nne, wird ausgesprochen *inne*, vier
nchi, wird ausgesprochen *intschi*, Gegend
nje, wird ausgesprochen *indschje*, draußen
mtu, wird ausgesprochen *mutu*, Mensch

Neue Wörter werden meistens vom Englischen oder Französischen übernommen und der eigenen Sprache angeglichen. Dabei werden r und l, k und g, sh und s in der Aussprache oft verwechselt. Wenn in der Fremdsprache verschiedene Konsonanten zusammentreffen, werden sie oft durch Vokale getrennt. Beispiele:

Auto	engl. motor-car	kisu. *motocaa*
Bad	bath	*bafu*
Benzin	petrol	*petro, petrolo*
Bericht	report	*loboti, roboti*
Biskuit	biscuit	*biskoti*
Bremse	brake	*feregi, bereki*
Briefmarken	stamps	*stampi, stampu*
Bürste	brush	*barashi*
Doktor, Arzt	doctor	*dakitari*
Gefängnis	gaol	*geli*
Hammer	hammer	*hama*, (kisw. *nyundo*)
Käse	cheese	*chizi*
Leintuch	blanket	*baringeti, blanketi, branketi*
Rad	wheel	*wili*
Schrank	cubboard	*kabati*
Schule	school	*sikulu; schule, shule*
Socken	socks	*sokisi*
Spital	hospital	*hospitali, lopitalo*
Woche	week	*wiki*

Oft erhält die Anwendung eines Fremdwortes eine andere Bedeutung, als in der Fremdsprache:
piksha = Photoapparat, aber auch: Photograph
futi = engl. Maß, dann auch: Akkordarbeit eines Tages

Betonung:

Fast alle Wörter werden auf der zweitletzten Silbe betont. Ein Wort hat so viele Silben, als es Vokale hat. Doppelvokale gelten als zwei Silben: *mkuu* = *mku-u*, *chai* = *cha-i*.

Y und j gelten als Konsonanten: *ji-na*
U-ji-ji
hu-yu

AUS DER KISUAHELI-GRAMMATIK

Einführung

In der deutschen Sprache drücken wir Einzahl und Mehrzahl eines Dingwortes, oder die verschiedenen Personen und Zeiten eines Zeitwortes (Verbes) durch Zeichen **nach** dem Worte aus, z. B. das Kind, die Kind**er**, ich spiele, du spiel**st**, etc. Oft werden solche Unterschiede durch eigene Wörter ausgedrückt, z. B. ich **habe** gespielt, ich **werde** spielen.

Das Kisuaheli hingegen ist, wie alle Bantusprachen, eine sog. **Klassensprache,** d. h. die Hauptwörter haben nicht ein grammatikalisches Geschlecht, sondern werden in Artformen gruppiert, in Klassen. Welcher Klasse nun ein solches Wort angehört, erkennt man nicht mehr am Artikel oder an der Endsilbe, sondern an einem Laut oder einer Lautgruppe, die dem Wortstamm **voran**gesetzt und daher **Praefix** (das Vorangeheftete, das Vorangesetzte) genannt wird.

mtu = der Mensch, die Person; ein Mensch, eine Person, ein Mann, der Mann oder einfach Mensch, Mann, Person
watu = Menschen, die Menschen, Personen, die Personen, Männer, die Männer

Trennung: **m-tu** **m-** = Vorsilbe oder Praefix für Einzahl
          -tu = Wortstamm
          wa- = Vorsilbe oder Praefix für Mehrzahl
          -tu = Wortstamm

Kitu = Ding. Trennung: *ki-tu*, wobei *ki* = Vorsilbe oder Praefix und *-tu* = Stamm ist.
vitu = Dinge, die Dinge, die Sachen. Trennung: *vi-* = Vorsilbe oder Praefix, *-tu* = Stamm
jicho = das Auge, Auge, ein Auge
macho = die Augen, Augen

Trennung: *ji-cho* *ji-* = Vorsilbe oder Praefix für Einzahl
           cho = Wortstamm
           ma- = Vorsilbe oder Praefix für Mehrzahl

Das Kisuaheli kennt weder einen Artikel noch ein grammatikalisches Geschlecht.

Grammatischer Abriß

Die **Hauptwörter** bestehen aus Stamm und einer Vorsilbe. Die Vorsilben der Hauptwörter sind verschieden je nach Einzahl und Mehrzahl.

Die Hauptwörter werden in 8 verschiedene Gruppen eingeteilt (vgl. S. 13).

Dasselbe gilt grundsätzlich auch für die **Eigenschaftswörter**; sie haben mit dem Dingwort, auf das sie sich beziehen, übereinzustimmen.

-kubwa = groß   ki*su* ki*kubwa* = großes Messer
dogo = klein   vi*su* vi*dogo* = kleine Messer

In gleicher Weise haben auch die **Zeitwörter (Verben)** ihre Vorsilben oder Praefixe:

ninaona =	ni	-	na	-	ona	
	ich		jetzt		sehe	= ich sehe
utaona =	u	-	ta	-	ona	
	du		dereinst		sehen	= du wirst sehen

Hier sehen wir, daß sogar zwei Praefixe dem Wortstamm vorangesetzt sind, nämlich das Zeitpraefix und das Personalpraefix.

Personalpraefixe:

ni-	ni*taona* = ich werde sehen
u-	u*taona* = du wirst sehen
a-	a*taona* = er wird sehen
tu-	tu*taona* = wir werden sehen
m-	m*taona* = ihr werdet sehen
wa-	wa*taona* = sie werden sehen

Einige **Zeitpraefixe** (den Personalpraefixen nachgestellt):

für die Gegenwart	-na-	ni*na*ona	ich sehe (jetzt)
für die Zukunft	-ta-	ni*ta*ona	ich werde sehen
für die Vorgegenwart	-me-	ni*me*ona	ich habe gesehen
für die Vergangenheit	-li-	ni*li*ona	ich sah

Die Reihenfolge von Hauptwort und Eigenschaftswort ist umgekehrt wie im Deutschen: ein großer Mann = *mtu mkubwa*.

In Fragesätzen wird aber dann keine Umstellung mehr verlangt:

watu watatu wanatosha = drei Männer genügen
watu watutu wanatosha? = genügen drei Männer?

DIE HAUPTWÖRTER

Die deutsche Sprache bezeichnet den Apfel als männliches und die Banane als weibliches Wesen, während dem sie das Mädchen für geschlechtslos hält.
Nicht so die Bantu-Sprachen. Sie unterscheiden zuerst einmal zwischen lebenden Wesen und leblosen Gegenständen. Die letzteren teilen sie dann wiederum nach ihrer natürlichen Zusammengehörigkeit in besondere grammatikalische Klassen ein. Die Tiere stehen in der Mitte. Alle Pflanzen gehören in eine bestimmte Klasse, eine andere Klasse bilden abstrakte Bezeichnungen, etc. Die Zugehörigkeit zu einer bestimmten Klasse wird durch eine bestimmte Vorsilbe (Praefix) bezeichnet. Ursprünglich mag die Einteilung der Hauptwörter nach ihrer Bedeutung in bestimmte Klassen streng durchgeführt gewesen sein. Da es aber nur eine bestimmte Anzahl von Klassen gab, so mußte eine Klasse Gegenstände verschiedener Art umfassen. Im Laufe der Sprachentwicklung wurde die Grundbedeutung der einzelnen Klassenvorsilben verwischt, viele Vorsilben gingen auch verloren. Es wurden immer mehr Fremdwörter aufgenommen und dem Kisuaheli angeglichen. So kommt es, daß die Einreihung von Wörtern unter die nachfolgenden 8 verschiedenen Klassen oft willkürlich erscheinen muß.

Klasse des Hauptwortes	Vorsilbe	Beispiele
1. Kl. **Lebewesen**	**m** *(mw)*	m*tu* der Mann, **Mw***ingereza* der Engländer
	wa	wa*tu* die Männer, **Wa***ingereza* die Engländer
2. Kl. **Bäume**	**m** *(mw)*	m*ti*, der Baum, **mw***ezi*, Mond, Monat
	mi	mi*ti* die Bäume, **mi***ezi* die Monate
3. Kl. **Dinge**	**ki** *(ch)*	ki*tu* das Ding, **ch***umba* das Zimmer
	vi *(vy)*	vi*tu* die Dinge, **vy***umba* die Zimmer
4. Kl. **Fremdwörter**	–	*kazi* die Arbeit
	–	*kazi* die Arbeiten
5. Kl. **Ma-Klasse**	– *(ji)*	*shamba* die Pflanzung, **j***icho* das Auge
	ma	ma*shamba* die Pflanzungen **ma***cho* die Augen

Grammatischer Abriß – Hauptwörter

6. Kl. (Abstrakte)	**u** *(w)*		**u***pande* die Seite (geogr.), **w***imbo* das Lied, der Gesang
	– *(ny)*		*pande* die Seiten, **ny***imbo* die Lieder, die Gesänge
7. Kl. (Ortsangabe)	**ma** *(ku)*		**ma***hali* der Ort
	ma *(ku)*		**ma***hali* die Orte
8. Kl. Grundform des Tätigkeitswortes	**ku** *(kw)*		**ku***sema* das Sagen, **kw***enda* das Gehen

Im vorliegenden Führer sind die Dingwörter in den Fällen, wo es sinnvoll und üblich ist, auch in der Mehrzahl angegeben.

Es gibt Wörter, die nur in der Mehrzahl vorkommen
z. B. *maji* (oder *mayi*) Wasser

mafuta	Oel, Fett
mali	Reichtum, Güter
kuni	Brennholz

Einsilbige Wörter behalten das „*u*" in der Einzahl:

uzi	der Faden, das Garn
nyuzi	die Fäden
uma	die Gabel
nyuma	die Gabeln
uso	das Gesicht
nyuso	die Gesichter

Einige andere Ausnahmen:

ubavu	die Rippe	*mbavu*	die Rippen, der Brustkorb
ubao	das Brett	*mbao*	die Bretter
ulimi	die Zunge	*ndimi*	die Zungen
upepo	der Wind	*pepo*	die Winde

In der 8. Klasse findet man viele abstrakte Namen, die meistens nur in der Einzahl vorkommen:

u*fundi*	das Handwerk	**u***nene*	die Dicke
u*gonjwa*	die Krankheit	**u***refu*	die Länge
U*sima*	die Gesundheit	**u***pana*	die Breite

Man kann sehr gut selber solche Hauptwörter bilden.

Kurze Repetition

Aus dem Wortstamm **-toto** wird abgeleitet:

    mtoto   das Kind
    watoto   die Kinder
    kitoto   kindisch
    utoto   die Kindheit

Aus dem Wortstamm **-tu** wird abgeleitet:

    mtu   Mann
    watu   Männer
    kitu   Ding
    vitu   Dinge
    utu   Menschheit

Mswahili	*Waswahili*	*Uswahili*	*Kiswahili*
der Suaheli	die Suaheli	das Land der Suaheli	die Sprache, die Art der Suaheli
Mzungu	*Wazungu*	*Ulaya* oder *Uzunguni*	*Kizungu*
der Europäer	die Europäer	Europa	europäisch
Mwingereza	*Waingereza*	*Uingereza*	*Kiingereza*
der Engländer	die Engländer	England	englisch
Mswisi	*Waswisi*	*Uswisi*	*Kiswisi*
der Schweizer	die Schweizer	Schweiz	schweizerisch

DIE EIGENSCHAFTSWÖRTER

Auf Seite 36 finden Sie das Wort „*-zee*" = alt. „zee" ist der Wortstamm und der Strich davor bedeutet, daß hier eine Vorsilbe (Praefix) eingesetzt werden soll. Die Vorsilbe des Eigenschaftswortes muß derjenigen des dazugehörigen Hauptwortes entsprechen. Das Eigenschaftswort steht stets hinter dem Hauptwort.

    m*tu* m*zee* = alter Mann
    wa*tu* wa*zee* = alte Menschen, alte Männer
ebenso z. B.   *-pya* = neu
    ki*ti* ki*pya* = neuer Stuhl
    vi*ti* vi*pya* = neue Stühle
oder: *-fupi* = kurz
    m*ti* m*fupi* = kurzer Baum
    mi*ti* mi*fupi* = kurze Bäume
oder: *-kubwa* = groß
    nyumba kubwa = großes Haus, aber auch: große Häuser

Grammatischer Abriß – Eigenschaftswörter

Die Kisuaheli-Eigenschaftswörter sind in diesem Führer in ihren Stammformen ohne Vorsilbe der einzelnen Klassen angegeben.

Die richtigen Vorsilben (Praefixe) der Eigenschaftswörter heißen nach Klassen geordnet:

1. Kl. Einzahl Mehrzahl Beispiel

	m- *(mw)* wa-	m*pishi* m*baya*	ein schlechter Koch
		wa*pishi* wa*baya*	schlechte Köche
		M*zungu* m*refu*	ein langer Europäer
		Wa*zungu* wa*refu*	lange Europäer
2. Kl.	m- *(mw)* mi-	m*ji* m*zuri*	ein schönes Dorf
		mi*ji* mi*zuri*	schöne Dörfer
		m*wembe* m*kubwa*	ein großer Mangobaum
		mi*embe* mi*kubwa*	große Mangobäume
3. Kl.	ki- *(ch)* vi- *(vy)*	ki*chwa* ki*kubwa*	ein großer Kopf
		vi*chwa* vi*kubwa*	große Köpfe
		ki*kombe* ch*eupe*	eine weiße Tasse
		vi*kombe* vy*eupe*	weiße Tassen
4. Kl.	– –	*nyumba kubwa*	das große Haus
		nyumba kubwa	große Häuser
5. Kl.	– (versch.) –	*tunda bichi*	unreife Frucht
		ma*tunda* ma*bichi*	unreife Früchte
6. Kl.	m- –	u*fagio* m*fupi*	der kurze Besen
		fagio fupi	die kurzen Besen

Die (aus dem Arabischen entlehnten) Eigenschaftswörter nehmen keine Vorsilbe an. Sie sind unveränderlich:

mtu tajiri   der reiche Mann
visu safi   die sauberen Messer
nyumba ghali   das teure Haus, die teuren Häuser

Das Kisuaheli hat zu wenig Eigenschaftswörter. In diesem Führer findet man hie und da z.B. folgende Angaben: *mtu mwenyi akili* = „ein Mann besitzend Verstand" = ein verständiger Mann. Das Wort „*-enyi*" = besitzend mit nachfolgendem Hauptwort ersetzt also oft das Eigenschaftswort, das im Kisuaheli fehlt.

Steigerung der Eigenschaftswörter

ebenso groß: **sawa na**

Mti huu ni mrefu **sawa na** *mti ule*
Dieser Baum ist ebenso groß wie jener.

größer als: **kuliko, kupita, saidi ya ...**
Mtu huyu ni mkubwa **kuliko** *(kupita, zaidi ya) mtu yule.*
Dieser Mann ist größer als jener.

am größten: **kushinda, kupita**
mtu huyu mkubwa **kushinda** *watu wote.*
Dieser Mann ist der größte von allen.

DIE ZEITWÖRTER (Verben)

kufanya = machen
kusafiri = reisen

Beide Wörter beginnen mit der Vorsilbe *ku-*. Sie gibt die **Grundform** (Infinitiv) an.

ku- *fanya* = mach- **en**
ku- *safiri* = reis- **en**

In diesem Führer, wie in den meisten modernen Wörterbüchern, **sind die Zeitwörter (mit Ausnahme der einsilbigen Verben) in ihrem Stamm ohne die Vorsilbe ku- der Grundform angegeben.**

Bantu-Zeitwörter enden auf „a": *fanya, piga, sema*. Verben arabischen Ursprungs enden auf „i", „e" oder „u": *safiri* = reisen, *samehe* = verzeihen, *sahau* = vergessen.

Als **Befehlsform** (Imperativ) benützt man die **Stammform ohne „ku-".**

	Einzahl		Mehrzahl	
bejahend	*piga!*	schlag!	*pigeni!*	schlagt!
	leta!	bring!	*leteni!*	bringt!
	rudi!	kehr zurück!	*rudini!*	kehrt zurück!
	salimu!	grüße!	*salimuni!*	grüßt!
	safiri!	reise!	*safirini!*	reist!
verneinend	*sipige!*	schlag nicht!	*sipigeni!*	schlagt nicht!
	sirudi!	kehr nicht zurück!	*sirudini!*	kehrt nicht zurück!

Das Küsten-Kiswaheli kennt eine höflichere, gewähltere Form des Imperativs, indem es den **Konjunktiv** verwendet,

z. B. *upige!* du mögest schlagen! schlag!
usipige! du mögest nicht schlagen! schlag nicht!

Merke: *njoo!* = komm! *Nenda!* Gehe!
njooni! = kommt! *Nendeni!* Geht!

WEITERE ZEITFORMEN

Bejahende Formen (der 1. Klasse):

Gegenwart	Merkmal -na
ni -**na**-*piga*	ich schlage (jetzt)
u -**na**-*piga*	du schlägst
a -**na**-*piga*	er schlägt
tu -**na**-*piga*	wir schlagen
m -**na**-*piga*	ihr schlagt
wa -**na**-*piga*	sie schlagen

Die einfachere, volkstümlichere Form der Gegenwart heißt:

napiga	ich schlage
wapiga	du schlägst
apiga	er schlägt
twapiga	wir schlagen
mwapiga	ihr schlagt
wapiga	sie schlagen

Vorgegenwart	Merkmal -me
ni**me**piga	ich habe geschlagen
u**me**piga	du hast geschlagen
a**me**piga	er hat geschlagen
tu**me**piga	wir haben geschlagen
m**me**piga	ihr habt geschlagen
wa**me**piga	sie haben geschlagen

Vergangenheit	Merkmal -li
ni**li**piga	ich schlug
u**li**piga	du schlugst
a**li**piga	er schlug
tu**li**piga	wir schlugen
m**li**piga	ihr schlugt
wa**li**piga	sie schlugen

Zukunft	Merkmal -ta
ni**ta**piga	ich werde schlagen
u**ta**piga	du wirst schlagen
a**ta**piga	er wird schlagen
tu**ta**piga	wir werden schlagen
m**ta**piga	ihr werdet schlagen
wa**ta**piga	sie werden schlagen

Bedingungsformen

Gegenwart — Merkmal -nge-

ni-nge-soma	ich würde (jetzt) lesen
u-nge-soma	du würdest ,, ,,
a-nge-soma	er würde ,, ,,
tu-nge-soma	wir würden ,, ,,
m-nge-soma	ihr würdet ,, ,,
wa-nge-soma	sie würden ,, ,,

Vergangenheit — Merkmal -ngali-

ni-ngali-soma	ich hätte (damals) gelesen
u-ngali-soma	du hättest ,, ,,
a-ngali-soma	er hätte ,, ,,
tu-ngali-soma	wir hätten ,, ,,
m-gali-soma	ihr hättet ,, ,,
wa-ngali-soma	sie hätten ,, ,,

„Wenn" des Bedingungssatzes = **kama**

kama ungetoa fedha ungepata chakula

wenn du bezahlen würdest, würdest du zu essen erhalten

kama tungalitoa fedha tungalipata chakula

wenn wir Geld gegeben hätten, hätten wir zu essen bekommen

Verneinende Formen:

Gegenwart

Bantu-Zeitwort		Arabisches Zeitwort	
si-*pigi*	ich schlage nicht	**si**-*salimu* **(unverändert)**	ich grüße nicht
hu*pigi*	du schlägst nicht	*husalimu*	du grüßest nicht
ha*pigi*	er schlägt nicht	*hasalimu*	er grüßt nicht
hatu*pigi*	wir schlagen nicht	*hatusalimu*	wir grüßen nicht
ham*pigi*	ihr schlagt nicht	*hamsalimu*	ihr grüßt nicht
hawa*pigi*	sie schlagen nicht	*hawasalimu*	sie grüßen nicht

Vergangenheit — Merkmal -ku-

si-ku-piga	ich schlug nicht
huku*piga*	du schlugst nicht
haku*piga*	er schlug nicht
hatuku*piga*	wir schlugen nicht
hamku*piga*	ihr schlugt nicht
hawaku*piga*	sie schlugen nicht

Zukunft

sita*piga*	ich werde nicht schlagen
huta*piga*	du wirst nicht schlagen
hata*piga*	er wird nicht schlagen
hatuta*piga*	wir werden nicht schlagen
hamta*piga*	ihr werdet nicht schlagen
hawata*piga*	sie werden nicht schlagen

Bedingungsformen

Gegenwart Merkmal -singe-

ni-singe-soma	ich würde (jetzt) nicht lesen
u-singe-soma	du würdest „ „ „
a-singe-soma	er würde „ „ „
tu-singe-soma	wir würden „ „ „
m-singe-soma	ihr würdet „ „ „
wa-singe-soma	sie würden „ „ „

Vergangenheit Merkmal -singali-

ni-singali-soma	ich hätte (damals) nicht gelesen
u-singali-soma	du hättest „ „ „
a-singali-soma	er hätte „ „ „
tu-singali-soma	wir hätten „ „ „
m-singali-soma	ihr hättet „ „ „
wa-singali-soma	sie hätten „ „ „

Kama watu wasingalipata maji safarini wangalirudi
wenn die Leute auf ihrer Reise kein Wasser bekommen hätten, wären sie zurückgekehrt.

Merke speziell für **einsilbige Wörter**:

Sie behalten das „*ku*" der Grundform bei, sind also meistens zweisilbig.

ku-**la**	= essen	*nakula* ich esse
		nilikula ich aß
		nitakula ich werde essen
		kula! iß! *kuleni!* eßt!
ku-**nywa**	= trinken	*nakúnywa* ich trinke
		kúnywa! trink! *kunywéni!* trinkt!
ku-**ja**	= kommen	*nakuja* ich komme
		nilikuja ich kam
		atakuja er wird kommen
		njoo! komm!
		njooni! kommt!

```
ku-pa       = geben        nakupa ich gebe dir
                           nipe! gib mir!
                           mpe! gib ihm!
ku-fa       = sterben      nakufa ich sterbe
                           kufa! stirb! kufeni! sterbt!
(kw)enda    = gehen        nilikwenda ich ging
(k)oga      = baden        hawatakoga sie werden nicht
                           baden
hakuna      = es gibt keine, es hat keine
siyo, hapana = nein
hapana      = es gibt nicht, es hat nicht
bado        = noch nicht
```

In vielen Teilen Afrikas hört man *hakuna* und *siyo* selten. Dort heißt *hapana* = nein.

```
Merke: sijui    = ich weiß nicht
       sitaki   = ich will nicht
       sipendi  = ich liebe nicht, ich habe nicht gern
       siwezi   = ich kann nicht (ich bin krank)
       hawezi   = er kann nicht (er ist krank)
       hataki   = er oder sie will nicht
       haithuru! = macht nichts!
       haifai!   = das genügt nicht!
```

Frageform

Die **Frageform** unterscheidet sich von der aussagenden Form lediglich durch die Betonung:

    utapiga = du wirst schlagen
    utapiga? = wirst du schlagen?

Die Leideform (Passiv)   Merkmal -w-

napiga = ich schlage
napigwa = ich werde geschlagen

Die Leideform wird durch Einschieben eines „-w" vor den Endvokal des Zeitwortes gebildet.
Dies gilt für alle Zeiten, bejahend und verneinend.

    nilipigwa ich wurde geschlagen
    atapigwa er wird geschlagen werden

Einige andere Formen:

lima = graben, pflügen, bildet Passiv-Form
    limiwa gepflügt werden
pima = messen, Passiv *pimiwa* gemessen werden

choma = brennen, verbrennen Passiv: *chomiwa* verbrannt werden
salimu = grüßen Passiv *salimiwa* gegrüßt werden
„durch" bei der Passiv-Form = **na**
*watoto walibeb***wa** **na** *mama zao* = die Kinder wurden **von** ihren Müttern getragen

Sein und haben

Sein = kuwa
mtoto ni mdogo = das Kind ist klein
mtoto mdogo = das kleine Kind, ein kleines Kind, das Kind ist klein
watoto wadogo = die kleinen Kinder, kleine Kinder, die Kinder sind klein
watoto si wadogo = die Kinder sind nicht klein

also: **ni** = ist, sind
si = ist nicht, sind nicht
ni kann wegfallen

Gegenwart

(mimi) **ni**	ich bin		*(mimi)* **si**	ich bin nicht
(wewe) **ni**	du bist		*(wewe)* **si**	du bist nicht
(yeye) **ni**	er ist		*(yeye)* **si**	er ist nicht
(sisi) **ni**	wir sind		*(sisi)* **si**	wir sind nicht
(ninyi) **ni**	ihr seid		*(ninyi)* **si**	ihr seid nicht
(wao) **ni**	sie sind		*(wao)* **si**	sie sind nicht

Vergangenheit   Merkmal -li-kuwa

ni-**li**-*kuwa*	ich war	**si**-*kuwa*	ich war nicht
*u***li***kuwa*	du warst	**hu***kuwa*	du warst nicht
*a***li***kuwa*	er war	**ha***kuwa*	er war nicht
*tu***li***kuwa*	wir waren	**hatu***kuwa*	wir waren nicht
*m***li***kuwa*	ihr waret	**ham***kuwa*	sie waren nicht
*wa***li***kuwa*	sie waren	**hawa***kuwa*	sie waren nicht

Zukunft

ni-**ta**-*kuwa*	ich werde sein
uta kuwa	du wirst sein
atakuwa	er wird sein
tutakuwa	wir werden sein
mtakuwa	ihr werdet sein
watakuwa	sie werden sein
si*takuwa*	ich werde nicht sein
hu*takuwa*	du wirst nicht sein

hatakuwa	er wird nicht sein
hatutakuwa	wir werden nicht sein
hamtakuwa	ihr werdet nicht sein
hawatakuwa	sie werden nicht sein

Haben = kuwa na (sein mit)

Wir bilden also die Form von „haben", indem wir die Silbe „*na*" an die Zeitform von „sein" anhängen:

nina	ich habe	*sina*	ich habe nicht
una	du hast	*huna*	du hast nicht
ana	er hat	*hana*	er hat nicht
tuna	wir haben	*hatuna*	wir haben nicht
mna	ihr habet	*hamna*	ihr habet nicht
wana	sie haben	*hawana*	sie haben nicht

Ebenso:

nilikuwa na	ich hatte	*sikuwa na*	ich hatte nicht
ulikuwa na	du hattest	*hukuwa na*	du hattest nicht
alikuwa na	er hatte	*hakuwa na*	er hatte nicht
tulikuwa na	wir hatten	*hatukuwa na*	wir hatten nicht
mlikuwa na	ihr hattet	*hamkuwa na*	ihr hattet nicht
walikuwa na	sie hatten	*hawakuwa na*	sie hatten nicht

nitakuwa na	ich werde haben
utakuwa na	du wirst haben
atakuwa na	er wird haben
tutakuwa na	wir werden haben
mtakuwa na	ihr werdet haben
watakuwa na	sie werden haben

sitakuwa na	ich werde nicht haben
hutakuwa na	du wirst nicht haben
hatakuwa na	er wird nicht haben
hatutakuwa na	wir werden nicht haben
hamtakuwa na	ihr werdet nicht haben
hawatakuwa na	sie werden nicht haben

Jede Dingwortklasse hat ihr eigenes Verbpräfix

	Verb-präfix	+ Zeit-präfix	+ Stamm	
1. Kl. *mtu*	**a-**	*na-*	*piga*	der Mann schlägt
watu	**wa**	*na-*	*piga*	die Männer schlagen
2. Kl. *mti*	**u-**	*ta-*	*anguka*	der Baum wird fallen
miti	**i-**	*ta-*	*anguka*	die Bäume werden fallen

3. Kl. *njia*	**i-**	*li-*	*potea*	der Weg ging verloren
njia	**zi-**	*li-*	*potea*	die Wege gingen verloren
4. Kl. *kisu*	**ki-**	*li-*	*vunjika*	das Messer zerbrach
visu	**vi-**	*li-*	*vunjika*	die Messer zerbrachen
5. Kl. *tunda*	**li-**	*na-*	*tosha*	eine Frucht genügt
matunda	**ya-**	*na-*	*tosha*	die Früchte genügen
6. Kl. *uzi*	**u-**	*ta-*	*katwa*	die Schnur wird zerschnitten werden
nyuzi	**zi-**	*ta-*	*katwa*	die Schnüre werden zerschnitten werden

Nicht überall werden die richtigen Zeitformen angewendet.

Das Wort „kwisha" wird oft andern Zeitwörtern vorangestellt und so eine Art Vorgegenwart gebildet. Auch wird damit der deutsche Ausdruck „schon" übersetzt:

yeye nakwisha kwenda = er ist (schon) gegangen

Von der Grundform eines Zeitwortes werden durch Endungen, die den Endvokal ersetzen, folgende Formen abgeleitet.

aus **Grundform**		wird	**relative Form**	**-ia, -ea**
pika	kochen		*pikia*	für andere kochen
jenga	bauen		*jengea*	für andere bauen
			kausative Form	
				-isha, -esha, -iza, -eza, -ya
aus: *panda*	steigen	wird:	*pandisha*	hinaufziehen
soma	lesen		*somesha*	lesen lassen
pona	gesund werden		*ponya*	gesund machen
			reflektive Form **-ji-**	
aus: *kata*	schneiden	wird:	*jikata*	sich schneiden
			nijikata	ich schneide mich
			reziproke Form **-ana**	
aus: *piga*	schlagen	wird:	*pigana*	einander schlagen

				neutropassive Form **-ika**	
aus:	*lipa*	bezahlen	wird:	*lipika*	bezahlt sein, zahlbar sein, zu bezahlen sein
	pasua	zerreißen		*pasuka*	zerrissen sein
				inverse Form **-ua, -oa**	
aus:	*funga*	schließen zubinden	wird:	*fungua*	öffnen losbinden
				iterative Form	
aus:	*piga*	schlagen	wird:	*pigapiga*	immer wieder schlagen
	kata	schneiden		*katakata*	ganz und gar zerschneiden

DIE FÜRWÖRTER

Die persönlichen Fürwörter

mimi	ich	**sisi**	wir
wewe	du	**ninyi**	ihr
yeye	er/sie	**wao**	sie

Wenn diese Fürwörter **allein** stehen, so gelten die gleichen Formen auch für den **Wen-** und **Wemfall,**

wen hast du gesehen? mich = mimi
wem hast du es gegeben? uns = sisi

Bei der **Konjugation des Zeitwortes** lauten **die persönlichen Fürwörter der 1. Klasse:**

ni-	ich	**tu-**	wir
u-	du	**m-**	ihr
a-	er/sie	**wa-**	sie

Für die übrigen Klassen gelten die besonderen Verbpraefixe in der dritten Person „er, sie, es" und „sie" (vgl. S. 23). Sie werden allerdings in der Umgangssprache nicht immer beachtet.

Kommen die persönlichen Fürwörter **als Objektformen** vor, so heißen sie:

-ni-	mir, mich	**-tu-**	uns
-ku-	dir, dich		
-ku-	dir, dich	**-wa-**	euch
-m-, (mw)-	ihm, ihn, ihr, sie, es	**-wa-**	ihnen, sie

Sie werden in die Zeitformen eingeschoben.

Grammatischer Abriß – Fürwörter

Persönliche Fürwörter in Verbindung mit Zeit- und Objektform

Beispiele:

Subjekt	Subjekt-Praefix	Zeitform	Objekt-Praefix	Verb-Stamm	Objekt
(mimi) ich	**ni-** ich	**-na-** (jetzt)	**-ku-** dir	**-ambia** sage	**(wewe)** dir
(wewe) (du)	**u-** du	**-na-** (jetzt)	**-ni-** mich	**-ita** rufst	**(mimi)** (mich)
(yeye) (er, sie)	**a-** er/sie	**-na-** (jetzt)	**-mw-** ihn/sie	**-ona** sieht	**(yeye)** (ihn/sie)
(sisi) (wir)	**tu-** wir	**-na-** (jetzt)	**-wa-** euch	**-pa** geben	**(ninyi)** (euch)
(ninyi) (ihr)	**m-** ihr	**-na-** (jetzt)	**-tu-** uns	**-uliza** -fragt	**(sisi)** (uns)
(wao) (sie)	**wa-** sie	**-na-** (jetzt)	**-wa-** ihnen	**-saidia** helfen	**(wao)** (ihnen)

Merke: Vor einem Vokal wird „m" in der 3. Person Einzahl zu „mw"

„Wa" gilt für „ihr" und „sie" Mehrzahl

Ninawaambia kann heißen: „ich sage euch" oder „ich sage ihnen".

Die hinweisenden Fürwörter
dieser

h + Vokal des Personalpräfixes

1. Kl.	*mtu*	**huyu**	*watu*	**hawa**
2. Kl.	*mti*	**huu**	*miti*	**hii**
3. Kl.	*kisu*	**hiki**	*visu*	**hivi**
4. Kl.	*kazi*	**hii**	*kazi*	**hizi**
5. Kl.	*tunda*	**hili**	*matunda*	**haya**
6. Kl.	*ufunguo*	**huu**	*funguo*	**hizi**

jener

Personalpräfix + *le*

1. Kl.	*mtu*	**yule**	*watu*	**wale**
2. Kl.	*mti*	**ule**	*miti*	**ile**
3. Kl.	*kisu*	**kile**	*visu*	**vile**
4. Kl.	*kazi*	**ile**	*kazi*	**zile**
5. Kl.	*tunda*	**lile**	*matunda*	**yale**
6. Kl.	*upanga*	**ule**	*panga*	**zile**

Die Fragewörter und Fragefürwörter

wer ? **nani ?**		*nani atakuja ?* wer wird kommen ?
wie ? **-je ?** (angehängt)		*waonaje ?* wie geht es dir ?
was ? **nini ?**		*una nini ?* was hast du ?
wem ? wen ? **nani ?**		*waliona nani ?* wen sahen sie ?
welcher ? **gani ?**	(unverändert für alle Klassen)	*bei gani ?* welcher Preis ? *mtu gani ?* welcher, was für ein Mann ?
wo ? **wapi ?**		*kisu kipo wapi ?* wo ist das Messer ? *mtu yuko wapi ?* wo ist der Mann ?
wieviele ? **ngapi ?**		*shilingi ngapi ?* wie viele Schillinge ?
wann ? **lini ?**		*wataanza lini ?* wann werden sie anfangen ?

Die besitzanzeigenden Fürwörter

-angu	mein		**-etu**	unser
-ako	dein		**-enu**	euer
-ake	sein		**-ao**	ihr

1. Kl.	*mwanamke*	**w**a**ngu**	meine Frau
2. Kl.	*mti*	**w**a**ngu**	mein Baum
3. Kl.	*kisu*	**ch**a**ngu**	mein Messer
4. Kl.	*kazi*	**ya**ngu	meine Arbeit
5. Kl.	*shamba*	**l**a**ngu**	mein Acker
6. Kl.	*uma*	**w**a**ngu**	meine Gabel
1. Kl.	*wanawake*	**w**a**ngu**	meine Frauen
2. Kl.	*miti*	**z**a**ngu**	meine Bäume
3. Kl.	*visu*	**vy**a**ngu**	meine Messer
4. Kl.	*kazi*	**z**a**ngu**	meine Arbeiter
5. Kl.	*mashamba*	**z**a**ngu**	meine Äcker
6. Kl.	*nyuma*	**z**a**ngu**	meine Gabeln

Die bezüglichen Fürwörter

werden gebildet, indem der Vokal „o" an die ersten Buchstaben der Personalpräfixe angehängt wird (Ausnahme: *-ye* bei 1. Kl. Einzahl).

*mtu a-na-***ye***-fanya kazi:* der Mann, **welcher** arbeitet
*watu wa-na-***o***-fanya kazi:* die Männer, **welche** arbeiten
*kisu ki-na-***cho***-kata:* das Messer, **welches** schneidet
*visu vi-na-***vyo***-kata:* die Messer, **welche** schneiden

EINIGE UMSTANDSWÖRTER

auf welche Weise?	*kwa namna gani?*		
allmählich	*punde kwa punde*	nur	*tu* (nachgestellt)
bedächtig	*kwa taratibu*	plötzlich	*mara, mara moja*
ein wenig	*kidogo*	schnell	*upesi*
ganz, vollständig	*kabisa*	schriftlich	*kwa barua*
gemeinsam	*pamoja*	sicher	*kweli*
genug	*basi, yatosha*	vergeblich, gratis	*bure*
langsam	*polepole*	viel	*nyingi, tele*
mehr	*zaidi*	vielleicht	*labda*
mündlich	*kwa maneno*	wenig	*haba*
wann?	*lini?*		
bald	*bado kidogo*	dann, nachher	*halafu*
gestern	*jana*	jedesmal	*kila mara*
heute	*leo*	jetzt, sofort	*sasa hivi*
morgen	*kesho*	zuerst	*kwanza*
wo?	*wapi?*		
unten	*chini*	oben	*juu*
vorne	*mbele*	hinten	*nyuma*
innen	*ndani*	außen	*nje*
weit weg	*mbali*	in der Nähe	*karibu*
in der Mitte	*katikati*		

DIE ZAHLEN

1–5 und 8 haben Präfixe

1 *-moja*
2 *-mbili*
3 *-tatu*
4 *-nne*
5 *-tano*
6 *sita*
7 *saba*
8 *-nane*
9 *tisa (kenda)*
10 *kumi*
11 *kumi na moja*

im östlichen Zaïre werden noch folgende Formen gebraucht:
9 *kenda (tisa)*

Zahlen

```
12 kumi na mbili
13 kumi na tatu
14 kumi na nne
15 kumi na tano
16 kumi na sita
17 kumi na saba
18 kumi na nane
19 kumi na tisa            19 kumi na kenda
20 ishirini                20 makumi mawili
21 ishirini na moja        21 makumi mawili na moja
22 ishirini na mbili       22 makumi mawili na mbili
23 ishirini na tatu        23 makumi mawili na tatu
30 thelathini              30 makumi matatu
40 arobaini                40 makumi mane
50 hamsini                 50 makumi matano
60 sitini                  60 makumi sita
70 sabini                  70 makumi saba
80 themanini               80 makumi manane
90 tisini                  90 makumi tisa
100 mia (mia moja)
101 mia na moja
102 mia na mbili
113 mia kumi na tatu
200 mia mbili
300 mia tatu
1000 elfu
1100 elfu na mia moja
2000 elfu mbili
3565 elfu tatu mia tano sitini na tano
0 sifuri
```

Das Zahlwort kommt immer nach dem Hauptwort, zu dem es gehört. Kommt ein Eigenschaftswort vor, so sitzt es zwischen drin:

nyumba nzuri sita sechs schöne Häuser
miti mikubwa minne vier große Bäume
watoto wadogo kumi na sita 16 kleine Kinder

wie oft?	**mara ngapi?**
einmal	= *mara moja*
zweimal	= *mara mbili*
dreimal	= *mara tatu*
viermal	= *mara nne*
hundertmal	= *mara mia*

Der erste, der zweite:

der	1.	-a kwanza	*siku ya kwanza*	der 1. Tag
der	2.	-a pili	*mwesi wa pili*	der 2. Monat
der	3.	-a tatu	*kitabu cha tatu*	das 3. Buch
der	4.	-a nne		
der	5.	-a tano		
der	6.	-a sita		
der	7.	-a saba		
der	8.	-a nane		
der	9.	-a tisa		
der	10.	-a kumi		
der letzte		-a mwisho	*mtu wa mwisho*	der letzte Mann

Erstens, zweitens ...

erstens	*ya kwanza*
zweitens	*ya pili*
drittens	*ya tatu*
viertens	*ya nne*
fünftens	*ya tano*
sechstens	*ya sita*
siebtens	*ya saba*
achtens	*ya nane*
neuntens	*ya tisa*
zehntens	*ya kumi*

Brüche = *fungu, mafungu*

$1/2$ = *nusu*
$1/3$ = *tatu kwa moja*
$1/4$ = *robo*
$3/4$ = *robo tatu*
$1/5$ = *tano kwa moja*
$2/5$ = *tano kwa mbili*
$4/5$ = *tano kwa nne*
$1/10$ = *kumi kwa moja*
$7/10$ = *kumi kwa saba*
$1/100$ = *mia kwa moja*
$6/100$ = *mia kwa sita*

ZEITRECHNUNG

Der Tag *(siku)* des Eingeborenen beginnt eigentlich mit dem Sonnenuntergang und besteht aus der Nacht *(usiku)*, auf die der Tag *(mchana)* folgt. „Heute nacht" = *usiku wa leo* heißt für den Afrikaner die vergangene, nicht die kommende Nacht.

Die Stundenzählung beginnt am Morgen, wenn die Sonne aufgeht:

6 Uhr morgens	= *saa kumi na mbili asubuhi* (eigentlich die 12. Stunde der Nacht)
7 Uhr morgens	= *saa moja asubuhi*
8 Uhr morgens	= *saa mbili asubuhi*
9 Uhr morgens	= *saa tatu asubuhi*
10 Uhr morgens	= *saa nne asubuhi*
11 Uhr mittags	= *saa tano asubuhi*
12 Uhr mittags	= *saa sita ya mchana*, oder: *adhuhuri*
1 Uhr mittags	= *saa saba alasiri*
2 Uhr nachmittags	= *saa nane alasiri*
3 Uhr nachmittags	= *saa tisa alasiri*
4 Uhr nachmittags	= *saa kumi alasiri*
5 Uhr abends	= *saa kumi na moja (ya) jioni*
6 Uhr abends	= *saa kumi na mbili (ya) jioni*
7 Uhr abends	= *saa moja (ya) jioni*
8 Uhr abends	= *saa mbili (ya) usiku*
9 Uhr abends	= *saa tatu (ya) usiku*
12 Uhr nachts	= *saa sita (ya) usiku*

Die Bezeichnungen: *asubuhi* = morgens, vormittags, *mchana* = tagsüber, *alasiri* = nachmittags und *jioni* = abends können weggelassen werden, wenn die Zeitangabe von selbst klar ist.

eine halbe Stunde	= *nusu saa*
eine Viertelstunde	= *robo saa*
drei Viertelstunden	= *robo tatu*
eine ganze Stunde	= *saa mzima*
eine Minute	= *dakika (moja)*
es ist 8 Uhr morgens	= *saa mbili asubuhi*
es ist 8.15 Uhr morgens	= *saa mbili na robo*
es ist 8.30 Uhr morgens	= *saa mbili na nusu*

es ist 8.45 Uhr morgens = *saa mbili na robo tatu*
auch: *saa tatu kasa robo* (d.h. 9 Uhr weniger ein Viertel)
es ist 10.05 Uhr morgens = *saa nne na dakika tano*
es ist 9.58 Uhr morgens = *saa tano kasa dakika mbili*

Die **Woche** = *juma, majuma*

Sonntag   = *Jumapili*
Montag   = *Jumatatu*
Dienstag   = *Jumanne*
Mittwoch   = *Jumatano*
Donnerstag = *Alhamisi*
Freitag   = *Ijumaa*
Samstag   = *Juma mosi*

MASSE UND GEWICHTE

Im allgemeinen gelten die englischen Maße und Gewichte.

painti 1	= ca. 0,57 l = engl. Pint
painti 8	= galoni 1 = ca. 4,5 l
kibaba(vi-) 1	= ca. ½ l
debe(ma-) 1	= galoni 4 = ca. 18 l
ratli 1	= 1 engl. Pfund
kilo 1	= 1 Kilogramm

Milch und Öl werden per Flasche (**chupa**) verkauft. Benzin, Petroleum etc. bezieht man in Behältern von 4 engl. Gallonen = **debe, madebe**.

GELD = fedha

Geldmünzen = *sarafu*, Papiergeld = *noti*

ein Cent	*senti moja*
zehn Cents	*senti kumi*
25 Cents	*senti ishirini na tano*
50 Cents	*thumuni (sumuni)*
	oder *nusu shilingi*
	oder *senti hamsini*
ein Schilling	*shilingi moja*

Der **Monat** = *mwezi, miezi*

Januari, Februari, Machi, Aprili, Mei, Juni, Julai, Agosti, Septemba, Oktoba, Novemba, Desemba

Das **Jahr** = *mwaka, miaka*

Weihnachten = *sikukuu* (auch Festtag)

WÖRTERVERZEICHNIS DEUTSCH—KISUAHELI

Beim Benützen des Wörterverzeichnisses beachte man:

Bei den Substantiven ist überall da, wo es sinnvoll und üblich ist, auch die Mehrzahl angegeben; und zwar bedeutet das zweite Wort immer die Mehrzahl, z. B. *mtoto, watoto* = das Kind, die Kinder; *nyumba, nyumba* = das Haus, die Häuser.

Es gibt keinen Unterschied in der Anrede zwischen „Du" und „Sie".

Abbildung *picha, picha*
abbrechen, zerbrechen *vunja;* niederreißen *pomoa;* unterbrechen *kata;* e. Haus abbrechen *pomoa nyumba;* e. Unterhaltung abbrechen *kata maneno*
abbürsten *pangusa vumbi, piga burashi*
abdecken *tandua* (Decke wegnehmen); e. Dach abdecken *ezua;* e. Tisch abdecken *ondoa vitu mezani*
abdrücken (Gewehr) *vuta, alisha mtambo wa bunduki*
Abend, abends *jioni (usiku);* heute ~ *leo jioni;* morgen ~ *kesho jioni;* gestern ~ *jana jioni*
Abendessen *chakula cha jioni*
aber *lakini, bali*
Abessinier *Habushia, Wahabushia*
abfahren *ondoka, safiri;* wann fahren wir ab? *saa ngapi tutaondoka;* morgen reisen wir ab *kesho tutasafiri*

abfallen *anguka*
abfeilen *kata kwa tupa*
abfeuern (Gewehr) *piga bunduki, liza bunduki*
Abführmittel *dawa ya kuhara*
abgelegen *mbali*
abgemacht! *basi! vema!*
abhanden kommen *potea;* d. Messer ist mir abhanden gekommen *kisu changu kilipotea*
Abhang *teremko*
abhauen *kata, chenga*
abholen *chukua, leta, twaa*
abkochen *telekeza*
abkühlen, heilen *poa, poza;* der Reis ist abgekühlt *wali umepoa;* er hat sich von s. Krankheit erholt *amepoa ugonjwa*
abladen *pakua, shusha*
ablehnen *kataa;* er lehnt es ab zu arbeiten *anakataa kufanya kazi*
abmachen, übereinkommen *patana;* abgemacht! *haya!*
abmarschieren *ondoka, kwenda*

abmessen — **allmählich**

safari; morgen bei Tagesanbruch werden wir ~ *kesho usubuhi sana tutaenda safari*
abmessen *pima;* die Länge messen *pima urefu;* die Breite messen *pima upana;* Reis abwägen *pima mchele;* Eier prüfen *pima mayai;* Arbeit nachprüfen *pima kazi;* Wasser suchen *pima maji*
abnehmen, weniger werden *pungua;* abräumen *ondoa;* alles vom Tisch wegräumen *ondoa vitu vyote mesani*
Abort *choo, vyoo*
abrechnen *fanya hesabu*
Abrechnung *hesabu, hesabu*
Abreise *safari, ondoka*
absägen [Ast] *kata mti kwa msumeno*
abscheulich *vibaya mno*
Abschied nehmen *aga, agana*
absichtlich *kwa kusudi*
absolut *kabisa;* sehr gut *njema kabisa*
absondern, ausscheiden *weka mbali, tenga*
abspülen *osha*
abstammen, herkommen *toka*
Abstand *nafasi*
abstauben *pangusa*
absteigen vom Auto *shuka juu ya motokaa*
abstempeln *piga chapa*
abstecken (Weg) *fanya alama ya njia,* andika *njia*
Abszeß *tambazi, matambazi*
abteilen *tenga, gawa, weka mbali*
abtrocknen *pangusa, kausha*
abwaschen *osha*
abwärts *chini*
abwechseln *badili*
abweichen v. Wege *toka njia*

abweisen *kataa*
abwesend, er ist ~ *hayuko*
Abzeichen *alama, alama*
abziehen, Haut ~ *chuna ngozi;*
acht *nane;* ~ Menschen *watu wanane;* heute vor ~ Tagen *leo ya nane;* der ~e Mann *mtu wa nane*
achten, jemand ~ *heshimu;* auf jemand ~ *angalia, chunga* (hüten); gib acht auf mein Auto! *chunga motocaa yangu!*
Achtung! *angalia!* mach Platz! *simile!*
Acker *shamba, mashamba;* ~bau *ukulima;* ~bauer *mkulima, wakulima, mlimaji;* ~gerät *vyombo vya kulima*
addieren *jumlisha, ongeza*
adieu! *kwa heri;* auf Wiedersehen! *kwa heri ya kuonana!* lebt wohl! *kwa herini!*
Adresse *anwani, anwani*
Affe, Colobus~ *mbega, mibega;* Hunds~ *nyani, nyani*
Affenbrotbaum *mbuyu, mibuyu;* Frucht des ~es *buyu*
Agent, Anwalt *wakili, karani*
Ahnen *wazaa*
ähnlich *sawasawa;* ~er Art *sawa kama hii, namna kama hii*
Akazie *mgunga, migunga*
alle *-ote, jamii;* ~ Menschen *watu wote;* ~ Bäume *miti yote;* wir ~ *sisi sote*
allein, ich ~ *nimi pekeyangu;* du ~ *wewe pekeyako,*
allmählich *polepole, taratibu, kidogo kidogo, punde kwa punde*
als *kama*
alt *-zee;* ~er Mann *mtu mzee;* ~e Frau *mwanamke mzee;* wie ~ bist du? *umri wako miaka*

mingapi? früher *zamani za kale*
Ameise, schwarze ~ *chungu, chungu;* ~nhügel *kisugulu, visugulu;* braune ~ *siafu, siafu;* weiße ~ *mchwa, michwa;* ~ im geflügelten Stadium *kumbikumbi*
Amerika *inchi ya Amerika*
amtlich *kwa amri ya serkali*
Ananas *nanasi, mananasi*
anbinden *funga*
Andenken *kumbuko;* Geschenk *zawadi*
anderer *ingine;* andere Leute *walu wengine;* ~ Sachen *vitu vingine;* ein andermal *mara nyingine*
ändern *geuza, badili;* Meinung ~ *geuza maneno;* ~ lassen *badilisha*
anders *vingine*
andere Seite (geographisch) *ng'ambo ya*
anderswo *pengine*
Anfang, Ursprung *mwanzo, mianzo*
anfangen *anza*
anfeuchten *tia maji;* Briefmarken ~ *tia maji katika tikiti ya posta*
anfragen *uliza*
anfüllen *jaza*
angeben *toa habari;* schriftlich ~ *andika;* ~, sagen *sema*
angehen, das geht mich an *inanipasa;* das geht mich nichts an *si kazi yangu*
Angelegenheit *neno, maneno; jambo, mambo*
Angelschnur *mshipi, mishipi*
angrenzen an *pakana na*
Angst, Furcht *hofu*
ängstigen, sich *hangaika, ona mashaka*

anhäufen *kusanya*
anhören *sikiliza*
Anker *nanga;* ~ werfen *tia nanga;* ~ lichten *ngoa nanga*
anklopfen *piga (bisha) mlango, piga hodi, gonga mlango*
ankommen *fika*
anpflanzen *panda*
anschwellen (körperlich) *vimba*
Anstand, Sitte *adabu, adabu*
anstatt *mahali pa*
anstecken, infizieren *tia ugonjwa*
anstreichen *tia rangi*
Antilope *paa, paa;* Buschbock *mbala, mbawala;* Springbock *dondoro;* Wasserbock *kuru;* Kuhantilope od. Hartebeest *kongoni;* Gazelle *paa, paa*
Antwort *jibu, majibu;* ~ bekommen *pata majibu;* ~ bringen *leta majibu*
antworten *titika, jibu*
anziehen *vaa;* ich bin noch nicht angezogen *sijavaa bado*
anzünden *washa;* in Brand stecken *tia moto*
Apotheke *nyumba ya dawa*
Araber *Mwarabu, Waarabu*
Arbeit *kazi, kazi;* ~ beginnen *anza kazi;* ~ beendigen *kwisha kazi;* Herr, ich möchte ~ haben *Bwana, nataka kazi;* was für ~ kannst du? *wajua kazi gani?*
arbeiten *fanya kazi, tenda kazi*
Arbeiter *mfanya kazi*
Arm *mkono, mikono*
arm *masikini*
Art *namna, namna;* auf welche ~? *namna gani?*
Arznei *dawa;* ~ nehmen *kula dawa;* ~ auflegen; *bandika dawa;* ~ einreiben *paka dawa*

Arzt *mganga, waganga, bwana dakitari*
Asche *majivu*
Ast *tawi, matawi*
Atem *pumuzi;* atmen *pumua*
auch *tena, na*
aufbewahren *weka*
aufblasen *puliza*
aufbrechen, weggehen *ondoka;* öffnen *fungua, vunja*
aufdecken *funua*
auffassen, verstehen *fahamu, sikia*
aufgehen, aufgetrennt sein *fumuka;* von Knospen *chanua;* vom Monde *andama;* von der Sonne *kucha, toka*
aufhalten, hindern *ziwia*
aufhängen *tundika*
aufheben *inua, okota*
aufhören *kwisha, acha, koma;* höre auf damit! *wacha hii!* hör auf mit deinem Gerede! *wacha maneno yako!*
aufkleben *bandika*
aufkochen, sieden *chemka*
aufladen *pakia*
auflecken *ramba, lamba*
auflegen, Pflaster *bandika*
auflesen *okota*
auflodern *waka*
auflösen, flüssig machen *yeyusha*
aufmachen *fungua;* ∼ von Körperteilen *fumbua*
aufmerken *sikiliza*
aufnehmen, heben *inua*
aufpassen *angalia*
aufpicken *dona*
aufräumen *tengeneza*
aufrecht stehen *simama wima;* ∼ stellen *simamısha wima*
aufrichtiger Mensch *mtu wa kweli*

aufrufen *ita kwa jina*
aufschichten *panga*
aufschließen *fungua*
aufschreiben *andika*
aufsetzen *tia juu;* Hut ∼ *vaa kofia*
aufsitzen, aufs Pferd *panda farasi*
aufspeichern *weka akiba*
Aufstand *vita, maasi, fitina*
aufstapeln *panga*
aufstechen *tumbua*
aufstehen *ondoka, simama*
aufsteigen *panda*
aufstellen, sich *simama, jipanga*
aufstreichen *paka;* Farbe ∼ *tia rangi*
auftischen *pakua*
Auftrag *agizo, maagizo*
auftrennen *fumua, shonoa*
aufwachen *amka*
aufwärmen *pasha moto, kanga moto*
aufwecken *amsha*
aufwischen *pangusa, futa*
aufzählen *hesabu*
aufziehen, in die Höhe *pandisha;* großziehen, Tiere *lea, fuga*
Aufzug *shangilio, mashangilio*
Auge *jicho, macho*
augenblicklich *sasa hivi*
Auktion *mnada, minada;* ∼är *dalali, mnadi*
ausbessern *tengeneza*
ausblasen *zima;* lösche die Lampe aus! *zima taa!*
ausbleiben, lange *kawia, kaa sana*
ausbreiten *eneza;* sich ∼ *enea*
ausbrüten *atamia*
ausdehnen *eneza;* sich ∼ *enea*

ausdrücken, auspressen *kamua;* sagen *sema*
ausführen, Waren *peleka;* tun *fanya, tengeneza*
ausfüllen *jaza, ziba*
Ausgaben *garama*
Ausgang *tokeo, matokeo*
ausgeben *toa, tumia*
ausgehen *toka, kwenda tembea*
ausgenommen *illa, ila*
ausgießen *mwaga, mimina*
ausgleiten *teleza, kosa mguu*
ausgraben *chimba*
aushöhlen *komba, fukua*
auskämmen *chanua*
auskleiden, sich *vua nguo*
auskratzen, aushöhlen *komba*
auslachen *cheka*
ausladen *pakua, shusha*
Ausland *ugeni;* ausländisch *-geni*
auslassen *acha*
ausleihen *kopesha*
auslöschen *zima*
auspacken *fungua mizigo;* toa *vitu*
ausradieren *futa*
Ausrede *maneno tu*
ausreichen *tosha*

ausrichten sich in Reihen *jipanga, pangana*
ausruhen *pumuzika*
ausrupfen *ngoa*
ausrutschen *teleza*
Aussaat *kilimo, vilimo*
Aussage *maneno*
Ausschlag *upele*
ausschlagen, von Tieren *piga teke;* von Pflanzen *chipua*
Aussehen *hali, sura, uso*
Aussprache *matamko;* aussprechen *tamka*
ausspülen *osha*
aussteigen *toka, shuka*
aussuchen *chagua*
auszahlen *lipa*
ausziehen, sich *vua;* fortzügeln *hama;* Nagel ~ *ngoa*
außen *nje;* von ~ *kwa nje;* Außenseite *nje*
außer *bila, ila, pasipo;* ~dem *tena;* ~halb von *nje ya*
äußerlich *kwa nje*
austauschen *geuza, badili*
austeilen *gawa, gawanya*
Auster *chaza, machaza*
austreiben, bösen Geist *punga pepo*

B

Bach *mto mdogo*
Backe *chavu, machavu;* geschwollene ~ *fukufuku*
backen *oka;* Brot ~ *fanya mikate*
Bäcker *mfanya mikate, wafanya mikate*
Backstein *tufali, matufali*

Backtrog *sanduku la kuandika unga*
Bad *koga, bafu;* ~ewasser *maji ya koga;* ~ewanne *birika la kogea;* ~ezimmer *chumba cha bafu;* bereite mir ein ~! *tengeneza bafu!* ist das ~ fertig? *bafu tayari?*

baden *koga, oga;* ich werde ∼ *nataka koga*
Bahnhof *stesheni;* **Bahnsteig** *banda la gari*
Bahre *jeneza, majeneza*
Bakterien *vidudu vidogodogo*
bald *bado kidogo, karibu, upesi;* ich werde ∼ *nitakuja bado kidogo* (od. *karibu*); ∼ ... ∼ *mara ... mara*
Balken *boriti, maboriti;* ∼brett, Wandtafel *ubao, bao*
Ball *mpira* (Spielball); *ngoma* (Tanz); ∼ spielen *cheza (piga) mpira*
Ballen *robota;* Erdballen *udongo;* Stoffballen *robota za nguo*
Bambus *mwanzi, mianzi*
Banane *ndizi, ndizi* (Frucht); *mgomba, migomba* (Staude)
Band *utepe, tepe*
Bank, Sitz∼ *ubao ya kulalia;* ∼haus *banki;* Schul∼ *meza ya watoto*
Banknote *feza ya noti, noti, feza ya karatasi;* 10-Schilling-Note *cheti cha shilingi kumi;* 100-Schilling-Note *cheti ha shilingi mia (moja)*
Baobab-Baum *mbuyu, mibuyu*
bar, Bargeld *feza tupu;* gegen ∼ *feza mkononi;* Zug um Zug *mkono kwa mkono*
barfuß *migun wazi, miguu mitupu*
Barometer *kipimo cha mvua*
Bart *ndevu;* kleiner ∼ *kidefu*
Batate, Süßkartoffel *kiazi, viazi*
Bau *jengo, majengo*
Bauch, Mz. Eingeweide *tumbo, matumbo*
bauen (Holzbau) *jenga;* ein Haus ∼ *jenga nyumba;* Hütten ∼ *jenga mabanda;* gut ∼ *jenga vizuri*
Bauer, Farmer *mtu wa shamba; mkulima, wakulima*
Baum *mti, miti*
Baumeister (Holzbau) *mjengaji, wajengaji;* (Steinbau) *mwashi, waashi*
Baumwolle *pamba, pamba;* ∼pflanzung *shamba ya pamba;* ∼saat *mbegu ya pamba;* ∼stoffe *uguo za pamba;* rohe ∼stoffe *merikani;* gefärbte ∼stoffe *kamiki ya Ulaya;* gebleichter ∼stoff *bafta;* bedruckter ∼stoff *kisutu*
Bazar *duka; madukani* (in den Läden); Markt *soko, sokoni*
beabsichtigen *kusudi, taka* (wollen)
beachten *angalia (ona, tazama);* sorgfältig ∼ *angalia sana*
Beamter *mtu wa serkali, wakili wa serkali*
beanspruchen *dai, taka;* für sich ∼ *jidai;* er kann das für sich ∼ *ndio haki yake*
beaufsichtigen *simamia;* Aufseher *msiamisi, wasiamisi*
bebauen (Feld) *lima*
beben *tetemeka* (zittern); vor Kälte zittern *tetemeka kwa baridi*
Becher *kikombe, vikombe*
bedächtig *kwa taratibu, polepole*
bedecken *funika;* sich ∼ *jifunika;* ausbreiten über *tanda*
bedenken *fikiri*
bedienen, bei Tisch *fanya kazi katika meza*
Bedingung *sharti, shuruti;* unter dieser ∼ *kwa sherti hiyo*

Bedürfnis *haja;* ~ verrichten *kwenda choo*
beeilen, sich *fanya upesi, fanya haraka*
beendigen *isha (kwisha) maliza*
beerdigen *zika*
Beet *tuta, matuta*
Befehl *amri, agizo, maagizo;* ~ geben *toa amri;* befehlen *amuru, agiza*
befestigen, binden *kaza*
befolgen, Befehl *shika amri*
befreien *fungua*
befriedigen *rizisha*
begabt *mwenyi akili*
begegnen *kuta, kutana;* Begegnung *makutano*
begehren, wünsche *penda, taka, tamani*
beginnen *anza*
begießen *tia maji*
beglaubigen *tia mkono chini, sahihisha*
begleiten *fuatana na*
Begleitschein *cheti, vyeti*
begraben *zika;* Begräbnis *maziko*
begreifen *fahamu; sikia, jua*
begrüßen *amkia;* ~, grüßen *salimu;* einander ~ *amkiana, salimiana*
behalten, fassen *shika;* mitnehmen *chukua;* nehmen *twaa;* behalte dein Geld *chukua (shika) feza yako*
behandeln, jemand schlecht ~ *tendea vibaya;* gut ~ *tendea vema;* ärztlich ~ *ku-pa dawa*
behüten, bewachen *linda;* aufpassen auf *angalia*
bei *kwa, karibu, karibu na*
Beil *shoka, mashoka*
Bein *mguu, miguu*

beisammen *pamoja*
beiseite legen *weka mbali;* ~ schaffen *ficha*
Beispiel *mfano, mifano; namna, namna*
beißen *uma*
beistehen *saidia;* Beistand *msaada, misaada*
Beitrag *shango, mashano; sehemu*
bekannt *zahiri;* ~, angesehen *maarufu;* ~machen *tangaza, eneza;* Bekanntmachung *tangazo, matangazo; amri, amri*
beklagen, sich *shitaki*
bekleiden, sich *jivika, vaa*
bekommen *pata, pewa*
bekümmern, sich um *angalia;* bekümmere dich um dich! *shika lako!*
belästigen *sumbua, chokoza*
beleidigen *tukana*
bellen *lia*
Belohnung *bahshishi;* ~, Geschenk *zawadi*
bemerken *ona*
bemühen, sich *fanya bidii*
benachrichtigen *ku-pa habari, leta habari*
Benehmen, Anstand *adabu*
benötigen *taka*
benutzen *tumia*
beobachten *angalia*
beraten, beratschlagen *fanya shauri;* Beratung *shauri, mashauri*
berauben *nyanganya;* ~, bestehlen *iba*
berechnen *fanya hesabu*
bereit *tayari;* ~ legen *weka tayari*
bereiten *tengeneza*
bereuen *juta, tubu*
Berg *mlima, milima;* bergabgehen *teremka*

Bericht *habari, habari;* berichten *leta habari*
berichtigen *sahihisha*
Beruf *kazi, kazi*
berühmt, angesehen *maarufu*
berühren *gusa, papasa*
beschädigen *vunja, haribu*
beschäftigen, sich *fanya kazi, shika kazi*
Bescheinigung *barua, cheti, vyeti*
beschließen *fanya shauri*
beschmieren *paka*
beschneiden, behauen *chonga;* ~, schneiden *kuta;* Knaben ~ *tahiri;* von Tieren *kata pumbu*
beschützen *linda*
beschwindeln *danganya; ambia uwongo;* sprichst du die Wahrheit oder lügst du? *wasema kweli ao uwongo?*
Besen *ufagio, fagio*
besichtigen *tazama, angalia*
besiegen *shinda*
besinnen, sich, nachdenken *fikiri;* ~, überlegen *waza;* ~, sich erinnern *kumbuka*
Besitz *mali, mali;* er besitzt *ana mali*
besonders, hauptsächlich *hasa;* ~, getrennt *mbalimbali*
besorgen, etwas für jemand, suchen *tafuta, patia;* besorge auch ein Huhn *upate na kuku;*
besprechen *fanya shauri;* Besprechung *shauri, mashauri*
besser, es ist ~ *afazali, njema zaidi*
bestrafen *lazimisha, patiliza;* bestraft werden *pata adabu, lazimishwa*
bestreiten, leugnen *kana, kataa*

besuchen *amikia, tazama*
beten *sali, omba*
Beton *sakafu, sakafu;* ~ stampfen *pigilia sakafu*
betrachten *tazama*
Betragen, Anstand *adabu;* ~, Höflichkeit *heshima*
betrinken, sich *jileva*
Betrug *hadaa, madanganyo;* List *hila;* betrügen *danganya, punja*
betrunken sein *lewa;* er ist ~ *amelewa*
Bett *kitanda, vitanda;* ~decke *blanketi; tandiko, matandiko;* ~statt *kitanda, vitanda;* ~zeug *nguo za kitanda; matandiko ya kitanda;* zu ~ gehen *kwenda kulala*
beugen, sich *inama*
Beule *jipu, majipu*
beunruhigen *sumbua*
beurlauben *ku-pa ruhusa*
Beute *teka, mateka*
Beutel *mfuko, mifuko*
bevor *kabla*
bewegen *sukuma*
Beweis *ushahidi, onyesho, maonyesho; baina;* beweisen *leta baina*
Bewohner *watu*
bewölkt, es ist ~ *kuna mawingu*
bewundern *tajaabu*
Bewußtsein *fahamu, akili*
bezahlen *lipa, toa;* für jemand ~ *lipia*
bezaubern *fanya uchawi*
bezeichnen *tia alama*
Bezirk *inchi*
biegen *pinda*
Biene *nyuki, nyuki*
Bier *bier;* einheimisches ~ *pombe, togwa, tembu;* ~flasche *chupa ya bier*

Bild *picha, picha;* sura
billig *rahisi*
Binde *kitambaa, vitambaa*
binden *funga*
Bindfaden *uzi, nyuzi;* kamba, kamba
bis *hata, mpaka*
bisher *hata sasa, hata leo, mpaka sasa*
bisweilen *mara kwa mara*
Bitte *uombi, maombi*
bitten *omba, taka;* um Urlaub ~ *omba ruhusa;* bitte *tafadhali*
bitter *-chungu, -kali*
blasen (Instrument) *piga;* Wind bläst *upepo unavuma*
Blatt, Baumblatt *jani, majani;* ~ Papier *ukurasa*
blau, Wäscheblau *buluu;* himmelblau *samawati*
Blech *bati, mabati;* ~büchse, ~gefäß *debe, madebe*
Blei *risasi*
bleiben *kaa*
Bleistift *kalamu, kalamu*
Blick *tazamo, matazamo;* blikken *tazama*
Blinder *kipofu, vipofu*
Blitz *umeme;* es blitzt *kunamweka*
Blödsinn *upuzi*
Blöße, Nacktheit *utupu*
blühen *chanua, sitawi*
Blume *ua, maua*
Blut *damu, damu;* ~egel *mruba, miruba;* bluten *toka damu*
Blüte *ua, maua*
Boden, Land *mchanga;* guter ~ *mchanga mwema, udongo mzuri*
Bogen *uta, nyuta;* ~, Gewölbe *tao, matao*
Bohne *kunde, kunde*

Bohrer *kekee, kekee*
Boot *mashua*
borgen *kopa;* ein Darlehen geben *kopesha*
böse *-kali, -baya*
Bote *mjumbe, wajumbe*
braten *kaanga, choma;* Brattopf *kaango, makaango*
Brauch *desturi, dasturi*
brauchen, verbrauchen *tumika;* ~, wünschen *taka*
braun *rangi ya kahawa*
brausen *vuma*
Braut *bibi, harusi;* ~leute *maarusi;* Bräutigam *bwana harusi*
brav *-ema, hodari*
brechen, zerbrechen *vunja;* ~, übel werden *tapika*
Brechmittel *dawa ya kutapika*
Brecheisen *mtarimbo*
Brei *ugali;* Hirse~ *ugali wa mtama*
Breite *upana;* breit *-pana*
brennen *waka;* wie Feuer brennen *waka kama moto*
Brennholz *kuni;* ~ schlagen *chenga kuni;* ~ kleinhacken *chanja kuni;* ~ holen *chota kuni*
Brett *ubau, mbau*
Brief *barua, barua;* ~kasten *sanduku ya barua;* ~umschlag *basha;* ~marke *chapa cha barua;* jemand einen ~ schreiben *andika barua;* ~ öffnen *fungua barua;* ~ schließen *funga barua;* was kostet dieser Brief? *kiasi gani barua hii?*
Brille *miwani*
bringen, herbringen *leta;* wegbringen *peleka*

Brot *mkate, mikate;* ~ schneiden *kata mkate*
Brücke *daraja, daraja*
Bruder *ndugu*
Brühe, Soße *mchuzi;* ~, brüllen *nguruma, lia*
Brunnen *kisima, visima;* ~, Pumpe *bomba;* ~wasser *maji ya kisima*
Brust *kifua;* ~schmerzen *mafua*
brüten, Eier *atamia*
Buch *chuo, vyuo;* ~drucker *mpiga chapa;* ~halter *karani, karani*
Büchse, Blech~ *debe, madebe*
bücken, sich *inama*

Büffel *nyati, nyati; mbogo, mbogo*
Bügeleisen *pasi, mapasi;* bügeln, glätten *piga pasi*
Bulle *ngombe dume*
bummeln *tangatanga*
Bündel, Last *mzigo, mizigo*
Bureau *ofis*
Bürste *burashi, burashi;* bürsten *piga burashi*
Busch *mwitu; msitu, misitu;* ~, Steppe *pori, pori;* ~bock *mbala, mbala; kulungu, kulungu;* ~messer *mundu, miundu;*
Butter, europäische *siagi;* ~ der Eingeborenen *samli*

C

Chamäleon *kinyonga, vinyonga*
Champagner *chempen*
Chance, Glück *bahati;* gute ~ *bahati njema;* schlechte ~ *bahati mbaya*
Cement *ndongo Ulaya, simenti;* ~schicht *sakafu, sakafu;* ~ieren *pigilia sakafu (simenti)*

Chauffeur *darayba, wadarayba*
Chek, Anweisung *barua ya feza, cheti (Yeti) ya feza*
Chinin *dawa ya kwinini;* ~tablette *kidonge cha kwinini*
Christ *mkristo, wakristo;* ~us *Kristo, Yezu Kristo*

D

da (Ort) *pale, hapa* (hier) *-po;* ich bin ~ *nipo;* du bist ~ *upo;* ich bin nicht ~ *sipo;* es gibt, es hat *pana, kuna;* es gibt nicht *hapana, hakuna;* es sind keine Briefe ~ *hapana barua;* hat es ~ Wasser? *maji iko hapa?* ~mals *siku zile, wakati ule;* ~durch, aus diesem Grunde *kwa kivyo;* ~für *kwa hivi, juu yake;* ~mit. daß *ya kama;* ~gegen *lakini;* ~heim *nyumbani;* ich habe etwas ~ gegen *si kubali;* (örtlich) gehe ~! *pita hapa*
dabei, ~stehen *simamia;* ~stellen *weka*
Dach, flaches ~ *dari;* ~latte *upao, pao;* ~stange *ufito (wa paa), fito;* Giebel~ *kisusi, visusi;* Stroh~ *paa mapaa;* ~ decken *ezka nyumba;* ~ reparieren *tengeneza paa*

Dachs *nyerere*
Dämmern, es dämmert (morgens) *kunakucha;* es dämmert (abends) *kunakuchwa; usiku unaingia*
damit, daß *ya kama, kwamba, ili, kwa hivyo*
Dame *bibi, wabibi;* ~nkleider *nguo za wanawake;* vornehme ~ *bibi mkubwa;*
Dampf *mwuke, miwuke. moshi* (Rauch); ~er *sitima, stima;* Post~er *meli* (engl. *mail*); Passagier~er *meli ya Ulaya;* auf den ~er warten *ngojea meli*
Dank *ahsante;* vielen ~!*ahsante sana;* jemand ~ sagen *ambia ahsante;* ~barkeit *shukrain, shukrani*
dann *tena, kisha;* ~ und wann *punda kwa punda*
darauf *halafu, tena, kishna;* ~hin *ndani, mle;* im Hause drin *mle nyumbani*
Darlehen *karaza;* ~ aufnehmen *kopa;* ~ geben, darleihen *kopesha*
dasselbe, das ist ~ *ni sawasawa, ni namoja;* ~ machen *fanya sawasawa*
daß, *ya kama ya kamba, kwa kuwa*
datieren, Brief *tia tarihi*
Dattel *tende;* ~palme *mtende, mitende;* wilde ~palme *mkindu, mikindu;* Blatt der wilden ~palme *ukindu, kindu;* wird gespalten und getrocknet und an der Sonne gebleicht zum Mattenflechten verwendet
Dauer *imara;* Lebens~ *maisha;* Zeitraum *muda;* dauern, bleiben *kaa;* zögern *kawia;* dann, andauern *endelea*
davon, ~ weiß ich nichts *sina habari;* ~eilen *kimbia, toroka;* ~laufen *kwenda mbio, kwenda upesi;* ~schleichen *kwenda zake taratibu;* ~tragen *chkua*
davor *mbele ya;* dazwischen *katikati ya, beina ya*
decken *tandika;* Tisch ~ *andika meza;* Dach ~ *ezeka;* ~ lassen (von Tieren) *pandishwa*
Deichsel *mti wa mbele wa gari, mlingoti, milingoti*
deklarieren *andika taerifu*
denken *ona, zadiki* (glauben); nach~ *fikiri, waza;* sich erinnern *kumbuka;* ~ an *fahama*
denn *kwa sababu;* es sei ~, daß *ila*
Denkmal *kumbukumbu, ukumbusho*
Depesche *simu*
deshalb *ndio sababu*
deuten (Traum) *agua ndoto;* ~, erklären *eleza*
Dialekt *luga, maneno*
Diamant *almesi almesi*
dick, fett (Mensch) *-nene;* ~er Mensch *mtu mnene, mtu mwenyi tumbo;* ~ werden *nenepa;* gerinnen *gana;* ~flüssig werden *tungama*
Dickicht *chaka, ma-, maguzu;* sie haben sich im ~ versteckt *wamajifisha kwa machaka*
Dieb *mwivi, wevi;* wer ist der ~? *nani mwivi?* ~stahl *uivi, uizi*

Dieb   45   **drinnen**

dienen *fanya kazi; tumikia;* Gott ~ *abudu*; als Koch ~ *fanya kazi ya mpishi*

Diener *boi, maboi, mtumishi-, matumishi*

Dienst *kazi;* in ~ stellen *tia kazini;* den ~ verlassen *toka katika kazi*

Dienstag *juma-nne;* diesen ~ *juma -nne hii*

Dezember *disemba*

dieser, diese *huyu* (s. Gr. S. 26); ~ Mann *mtu huyu;* dieses Jahr *mwaka huu*

dies und das *haya na haya*

Diesel-Ocl *crudoil mafuta mzito*

dies|mal *mara hii;* ~seits *upande hii;* ~jährig *mwaka huu;* ~jährige Ernte *mavuno ya mwaka huu*

Ding, Sache *kitu, vitu;* im geistigen Sinne *jambo, mambo*

Diphtherie *ngonjwa wa kimio*

direkt (sofort) *mara,* (schnell) *upesi;* auf dem Wege *kwa njia fupi;* kennst du den Weg ? *Wajua njia ya karibu? Wajua njia fupi ?*

Direktor *mwongozi, msiamizi, mkini, mwelekezi*

Distrikt, Bezirk *inchi, nchi;* ~-Commissioner *bwana mkubwa; bwana disi*

dividieren *gawanya;* 12:4 = 3 *kumi na mbili kugawanya na nne huja tatu*

Dividende *sehemu ya faida, faida ya gawio*

Docht *utambi, tambi;* ~ herunterschrauben *shusha utambi*

dolmetschen *badili maneno, tafasiri, fasiri*

Doktor (Arzt) *daktari;* eingeborener Arzt *mganga, waganga*

Donner *ngurumo;* der schmetternde ~ nach eingeschlagenem Blitz *radi*

Donnerstag *alhamisi;* ~ in acht Tagen *alhamisi ya pili*

doppelt *mara mbili;* ich will ~ soviele *nataka mara mbili kama hii*

Dorf *mji, miji;* kleines ~ *mji kidogo* oder *kijiji;* ist ein ~ in der Nähe ? *pana mji karibu ?*

Dorn *mwiba, miiba*

dort *pale, hapo, huko;* ~ drüben *kule;* ~ vorn *huko mbele, kule mbele;* ~ hinten *huko nyuma, kule nyuma;* ~ wo *panapo*

draußen, auswendig *nje*

Dose *kopo, makopo*

Draht *uzi, nyuzi;* Eisen~ *uzi wa chuma, weia;* Messing~, Kupfer~ *sengenge;* Telegraphen~ *uzi wa sima, sengenge wa simu;* ~netz *wavu wa nyuzi za chuma;* ~zaun *boma la nyuzi za vyuma*

drängen, drücken, pressen *songa;* es ist dringend *ni lazima;* es ist nicht dringend *si lazima*

Dreck *takataka, tope, matope*

drei *tatu;* ~viertel *kasorobo;* ~eckig *-enye pembe tatu;* ~fach *mara tatu;* ~zehn *kumi na tatu*

drinnen *ndani;* ist dein Herr drin ? *bwana wako yumo ndani ?* hier ~ *humu ndani;* dort ~ *kule ndani;* was ist hier ~ ? *kitu gani humo ndani ?*

Drog|e *dawa;* ~ist *mwuza dawa;* ~erie *duka la dawa*
drohen *kamea, kamia, tia hofu*
drucken *piga chapa*
Druck *chapa* (Buchdruck); ~buchstabe *harufu ya chapa;* ~er *mpiga chapa*
drücken, pressen *songa;* kneten *kanda;* lasten auf *lemea;* jemand die Hand ~ *kumpa mtu mkono*
du *wewe*
duften *nuka;* gut ~ *nuka vizuri;* schlecht ~ *nuka vibaya*
dumm, unwissend *-jinga, -pumbavu;* Dummkopf *mpumbavu, mapumbavu; mjinga, wajinga;* Dummheit *upumbavu, ujinga*
düngen *tia mboleo, tia samadi*
dunkel *giza, -a giza, -enye giza;* es wird ~ *usiku unaingia;* ~ machen *tia giza, fanya giza;* Dunkelheit *giza*
dünn *-embamba;* ~er Mensch *mtu mwembamba;* ~er Stoff *uguo nyembamba;* ~er werden *konda* (abmagern)

durch *kwa, katika, na;* ~aus *kabisa, sana;* ~ biegen *ekua;* ~bohren *zua, ziua, toboa* (Öffnung machen); ~dringen *penya;* ~feilen *kata kwa tupa;* ~kommen *pita;* ~näßt werden *pata maji;* ~sieben *chunga, chuja;* ~stechen *choma;* ~suchen *tafuta popote, angalia, tazama;* ~waten *vuka kwa mkuu*
Durch|fahrt *mlango;* ~fall haben *hara;* ~gang *kipito;* ~messer *upana*
durchschnittlich *kadiri ya*
dürfen, du darfst *una ruhsa;* du darfst nicht *huna ruhsa*
dürr *-kavu;* Dürre *ukavu*
Durst *kiu;* durstig sein *ona kiu;* hast du ~? *una kiu?* ich bin durstig *naona kiu, nina kiu*
Dutzend *dazeni*
Dysenterie *tumbo la kuhara damu*
Dynamit *baruti ya kupasulia, baruti ya kuvunja*

E

Ebbe *maji kubwa*
eben, soeben *sasa hivi;* ~falls *vilevile, sawasawa;* ~ (Gelände) *nchi pana, nchi sawa;* er ist ~ angekommen *amefika sasa; tena;* ~ machen *fanya sawasawa*
Eben|bild *mfano, mifano;* ~holz *mpingo, mapingo*
Ecke, Zipfel, Seite *pembe;* in der ~ *pembeni*
echt *safi, sabiti*

Edelstein *kito, vito*
ehe *kabla, kabla ya;* ~mals *zamani, zamani za kale, hapo zamani*
Ehren *heshima;* ehren *heshimu*
Ehe *ndoa, nikahi;* ~frau *mke, wake, bibi, wabibi;* ~mann *mume, waume*
Ehrengeschenk *heshima, zawadi*
ehrlich *amini*
Eid *yamini*

Eidechse *mjusi, mijusi;* große ~ *kenge*
Eifer *juhudi, bidii;* ~sucht *uwivu;* eifersüchtig *-wivu*
eigenhändig, ich ~ *kwa mkono wangu;* du ~ *kwa mkono wako*
Eigen|name *neno la majina;* ~tum *mali;* ~tümer *mwenyewe*
eignen, sich *faa*
Eile *haraka*
eilen *fanya haraka, fanya upesi;* eilig *upesi, kwa haraka*
Eimer *ndoo, ndoo;* Wasser~ *ndoo ya maji*
einäugiger Mensch *mwenyi chongo*
Einbaum *mtumbwi, mitumbwi* (ohne Ausleger), *ngalawa, ngalawa* (mit Ausleger)
einbinden *funga;* ein Buch ~ *tia ngozi*
einbrechen *ingia kwa nguvu*
einfädeln *tunga uzi*
einfahren *ingia;* Einfahrt *mlango, milango*
einführen *ingiza*
Eingeborener *mtu mweusi, watu, weusi*
Eingeweide *matumbo*
einholen *patia, fikia*
einige *mbili tatu*
einigen, sich *patana, agana;* wir können uns nicht ~ *hatuwezi kupatana;* Einigung *mapatano*
einkaufen *nunua*
einklemmen *kwamisha*
Einkommen *pato, mapato;* ~, Monatslohn *mshahara;* ~, Gewinn *fayida*
einladen, verladen *pakia;* zum Essen ~ *ita kula;* lade meinen Koffer ein! *pakia sanduku zangu!* Einladung *aliko, maaliko;* ich habe eine Einladung zum Essen erhalten *nimealikwa (nimeitwa) karamuni*
einleiten *tengeneza, anzisha*
einmal *mara moja*
Einnahme *pato, mapato;* *mshahara* (Lohn)
Einöde *pori; nyika*
einpacken *funga pamoja; fanya mzigo*
einreiben *paka, singa*
einrenken *unga*
einrichten *tengeneza;* ein Haus ~ *pamba nyumba;* Einrichtung eines Hauses *mapambo ya nyumba*
einritzen *chanja*
einschalten *pangilia*
einschenken *jaza*
einschiffen, sich *ingia katika meli*
einschlafen *lala*
einschlagen, einen Nagel *gongomea;* der Blitz schlug ein *umeme umepiga*
einschließen *funga*
einschmuggeln *kwiba ushuru*
einschneiden *chanja, kata*
Einschnitt, Narbe *chale, machale*
einschreiben *andika*
einschüchtern *tia hofu*
einsehen *ona*
einsinken *didimia*
einspannen, an den Wagen *tia garini, funga katika gari*
einsperren *funga, tia gerezani*
einst *siku moja, zamani*
einstellen, aufhören *kwisha;* ~, anstellen *tia kazini*
einsteigen *panda;* in ein Auto *panda motocaa*

einstürzen *bomoka*
eintauchen *chovya; tia*
eintauschen *badili*
einteilen *gawa, gawanya*
eintragen, einschreiben *andika*
eintreffen *fika, wasili*
eintreten *ingia*
einverstanden sein *kubali;* Einwilligung *ukubali, mapatano*
Einwohner *watu;* Orts~ *watu wa mji*
einzäunen *zungusha, fanya boma*
Einzäunung *boma, maboma;* Hof mit ~ *ua, nyua*
einzeln *mojamoja*
einziehen, hineingehen *ingia;* ~, Wohnung wechseln *hama*
Eis *barafu*
Eisen *chuma, vyuma;* ~bahn *gari la moshi;* ~draht *uzi wa chuma, sengenge ya chuma*
eitel *maridadi*
Eiter *usaha;* eitern *toka ushaha*
Ekel *chukio, machukio;* ekeln, sich *chukia*
Elefant *tembo, tembo;* ~enzahn *pembe, pembe;* großer ~enzahn *bori, mabori;* kleiner ~enzahn *kalasha, makalasha*
Elefantiasis *tende, matende*
Elfenbein *pembe*
Elektrizität *stimu;* elektrisches Licht *taa ya stimu*
Ellbogen *kisingo cha mkono*
Eltern *wazee, wazazi*
empfangen *pokea, pata*
empfinden *ona*
Ende *mwisho, miisho;* von Anfang bis zu ~ *toka mwanzo hata mwisho*
endlich *mwisho*
Energie *nguvu, nguvu*
eng *-embamba, -dogo;* zu ~ sein, ~er machen *kaza;* es ist mir zu ~ *inanikaza*
Engel *malaika*
England *inchi ya Uingereza;* Engländer *Mwingereza, Waingereza;* englisch sprechen *sema Kiingereza*
Enkel, Enkelin *mjukuu*
Entbindungen *tabuu*
entbinden (Frau) *zalisha*
entdecken *fichua*
Ente *bata, mabata;* ~rich *bata ndume*
entfernen *ondoa;* sich ~ *kwenda zake;* entfernt *mbali*
entfliehen *kimbia, toroka*
enthalten, haben *kuwa na*, vgl. Gramm.
enthüllen *funua*
entkleiden, sich *vua nguo*
entlang *kando ya, kandokando ya*
entlassen, von der Arbeit *ondoa katika kazi;* toa kazini*
entlaufen *kimbia, toroka*
entleeren *toa, mwaga*
entleihen *kopa*
entschädigen *ondolea hasara*
entscheiden *kata maneno*
entschließen, sich *fanya shauri;* Entschluß *azima, shauri, mashauri*
Entschuldigung *ruhusa, uzuru;* ohne ~ *bila uzuru*
entweder ... oder *ao ... ao*
entweichen *toroka, kimbia*
Entwicklung *endeleo, maendeleo*
entzünden, sich *pata moto*
entzwei sein *vunjika, katika*
er, sie, es *yeye*
Erbe, der *mrisi, warisi;* das ~ *mirasi;* erben *risi*
erbeuten *teka*

erblinden *pofuka*
erbrechen, unwohl fühlen *tapika*
Erbse *chiroko*
Erdbeben *tetemo la nchi*
Erde, Land *nchi, inchi;* ~, Boden *mchanga*
Erdnuß *njugu, njugu;* ~öl *mafuta ya njugu*
erfahren *pata habari;* Erfahrung, Wissen *maarifa*
erfreuen, sich *furahi*
ergreifen *kamata*
erhalten *pata, pokea;* erhältlich sein *patikana*
erheben, sich *ondoka*
erholen, sich *pona, pata afya*
erhöhen *ongeza, zidisha;* einen Monatslohn ~ *ongeza mshahara*
erinnern, sich *kumbusha;* erinnerst du dich? *wakumbuka?*
erkälten, sich *pata baridi*
erkennen *tambua*
erklären *eleza, fafanua;* Erklärung *maelezo*
erkranken *ugua, patikana ugonjwa*
erkundigen, sich *uliza habari*
erlangen *pata*
erlassen, Befehl *toa amri;* ~, befreien *fungulia*
erlauben *ku-pa ruhusa;* Erlaubnisschein *cheti ya ruhusa*
erledigen, eine Sache *kata maneno*
ermahnen *onya, funza*
ermangeln *kosa*
ermorden *ua*
ermutigen *tia moyo*
ernähren, füttern *lisha, pa chakula*
Ernte *mavuno;* ernten *vuna*

erobern *shinda*
eröffnen, Geschäft *anza duka, fungua duka*
erreichen *pata;* ~, ankommen *fika*
erscheinen *tokea;* Erscheinung, Wunder *ajabu, kioja*
erschießen *piga risasi*
erschlagen *ua, chinja*
ersparen *weka akiba*
erst *kwanza*
erstaunen *shangaa, sangaa*
erstechen *choma kwa kisu*
erstens *kwanza*
erstrecken, sich *fika enea mpaka*
Ertrag *zao, mazao; pato, mapato; faida, faida*
ertränken *tosa majini, zamisha*
ertrinken *ku-fa maji*
erwachen *amka*
erwachsen *-zima;* ein ~er Mann *mtu mzima*
erwägen *waza, fikiri*
erwärmen *kaanga moto*
erwarten *ngoja*
erwerben *pata, chuma*
erwidern *jibu, itika;* Gruß ~ *rudisha salamu*
erwürgen *songa, nyonga*
Erz *maadini*
erzählen *ambia, sumulia*
erzeugen *zaa;* Erzeugnis *mazao*
erziehen *lea, adibisha;* Erziehung *maelezi*
erzürnen, sich *kasirika;* jemand ~ *kasirisha*
Esel *punda, punda;* ~stall *banda la punda*
essen *ku-la;* iß! *kula* eßt! *kuleni*
Essen *chakula, vyakula;* ~szeit *saa ya chakula;* Eßzimmer *chumba cha kula;* ~ fertig

Essig   50   **Farbe**

machen *fanya chakula tayari;* ~ auftragen *andika chakula;* ~ abtragen *ondoa chakula;* zum ~ einladen *ita karamuni;* ~ aufheben *weka chakula;* ist das ~ fertig ? *chakula tayari ?*
Essig *siki;* ~flasche *chupa ya siki*
etwas *kidogo*
Eule *bundi, mtiti, bubu*

Europa *Ulaya, Uzungu;* ~dampfer *meli ya Ulaya;* ~post *posta ya Ulaya, barua za Ulaya;* ~reise *safari ya Ulaya;* Europäer *Mzungu, Wazungu;* europäisch *-kizungu, -a Ulaya*
Euter *kiwele, viwele*
ewig, Ewigkeit *milele*
Exkremente *mavi, choo*
Expedition *safari, safari*

F

Fabrik *kiwanda, vivanda, banda la kazi*
Fackel *mwenge, mienge*
Faden *uzi, nyuzi;* einfädeln *tunga sindano;* der ~ ist zerrissen *uzi umekatika*
fähig sein, können *weza*
Fahne *bendera, bendera;* ~nmast *mlingote wa bendera;* ~ hissen *tweka bendera;* ~ einziehen *susha bendera*
Fahr|gast *abiria, maabiria;* ~geld *nauli;* ~karte *cheti, vyeti; tikitiki; kipande;* ~plan *tarifa;* ~plan der Dampfer *karatasi* (od. *tarifa*) *ya sitima;* ~plan der Eisenbahn *tarifa ya magari ya moshi, ya railwei;* ~rad *baisikeli*
fahren *kwenda kwa gari;* mit dem Auto ~ *kwenda kwa motocaa*
Fahrt (Reise) *safari, safari*
Fähr|e *kivuko, vivuko;* ~mann *mvushaji*
Falke *kipanga, vipanga*
Fall (Sturz) *anguko, maanguko;* Wasser~ *maanguko ya maji;* für den ~, daß ... *ikiwa ...*
Falle *mtego, mitego;* eine ~ stellen *tega mtego;* mit der ~ fangen *kamata kwa mtego*
Fallgrube *shimo la kutaga nyama*
fallen *anguka;* ~ lassen *angusha, tumbusika*
fällen *kata;* Bäume ~ *kata miti*
falls *iwapo, pindi, ikiwa*
falsch *si kweli, si sahihi;* ~e Nachricht *maneno ya uwongo, habari za uwongo;* ~, künstlich *-a kufanyizira*
fälschen (Betrügen) *danganya*
Falte *kunjo, makunjo*
falten *kunja;* auseinander~ *kunjua*
Familie *jamaa, jamaa; kina;* ~nname *jina la jamaa*
fangen *kamata, kinga;* auf~ *daka;* Fische ~ *vua samaki;* mit der Falle ~ *taga*
Farbe *rangi, rangi; -eupe* weiß, *-eusi* schwarz, *-ekundu* rot. Die andern werden durch Vergleichung ausgedrückt, z. B. grün *rangi ya majani* (des Grases); braun *rangi ya kahawa* (des Kaffees)

farbig -*enyi rangi;* ~e Bevölkerung *watu weusi*
färben *tia rangi*
Faser *kumbi makumbi*
fassen *shika kamata*
Faß *pipa, mapipa;* Benzin~ *pipa ya petro*
fast *karibu, bado kidogo;* er wäre ~ gestorben *alitaka kufa*
fasten *funga;* im Monat Ramazan ~ *funga katika ramazani;* mit ~ aufhören *fungua*
Fastenmonat *Ramazani*
faul, träge -*vivu;* ver~t *bovu;* ~er Mensch *mtu mvivu;* ~e Früchte *matunda mabovu;* ~ werden, ver~en *oza*
Faust *konde, makonde;* mit der ~ schlagen *piga makonde*
Februar *Februari*
fechten *pigana*
Feder *kalamu;* ~ des Vogels *nyoya, manyoya;* ~halter *mti ya kalamu;* Spann~ des Gewehrs *mtambo wa bunduki;* ich will eine sehr spitze ~ *nataka kalamu nyembamba sana*
fegen *fagia*
fehlen (ermangeln) *pungua;* nicht treffen *kosa;* er fehlt *hayuko;* was fehlt ihm? *ana nini?*
Fehler *kosa, makosa;* ~ machen *kosa;* Defekt *kipunguo;* Differenz *hitilafu;* fehlerlos *hapana makosa;* Fehltritt *kosa, makosa*
Feiertag *siku kuu*
Feile *tupa, tupa;* Eisen~ *tupa ya chuma;* feilen *piga tupa*
fein, dünn -*embamba;* schön -*zuri;* gut -*ema;* weich *laini;* vorzüglich *bora;* ~e Stoffe *nguo nyembamba*
Feind *adui maadui;* ~schaft *uadui*
Feld *shamba, mashamba;* ~arbeiter *mkulima; wakulima;* ~flasche *chupa;* ~stecher *darubini*
Fell *ngozi, ngozi;* ~handel *biashara ya ngozi*
Felsen (Riff) *mwanza;* Steine *mawe;* Berg *kilima*
Fenster *dirisha, madirisha;* ~glas *kioo, vyoo;* ~ aufmachen *fungua dirisha;* ~ schließen *funga dirisha;* ~ putzen *safisha dirisha*
Ferien *rusha, ruhusa;*
fern *mbali;* ~er *tena*
Fern|glas *darubini, madarubini;* ~sprecher *simu ya kupeleka sauti mbali, telefoni*
Ferse *kisigino cha mguu, kifundo cha mguu*
fertig *tayari, basi;* ~ machen *fanya tayari, tengeneza;* ich bin ~ *mimi tayari*
Fessel *pingu, pingu*
fesseln *tia pingu*
fest -*gumu;* ~binden *funga sana;* ~drücken *kandamiza;* ~halten *shika, kamata;* ~machen *funga;* ~nehmen *kamata*
Fest|essen *karamu;* ~land *bara, bara;* ~tag *siku kuu;* ~ veranstalten *fanya kardamu*
Festung *boma, maboma*
fett, dick -*nene,* -*nono,* -*a mafuta;* ein ~es Tier *nyama nono;* ~es Fleisch *nyama ya mafuta;* ~ werden (von Menschen) *nenepa,* (von Tieren) *nona*

Fett *mafuta, samli;* Schweine~ *mafuta ya ngruwe;* ~fleck *doa la mafuta*
feucht *kimajimaji, -a maji;* ~ machen *tia maji, paka maji;* ~ werden *rutubika*
Feuer *moto, mioto;* ~haken *kichocheo;* ~holz *kuni, kuni;* ~stelle *jiko, meko,* Küche *jikoni;* ~spritze *bomba;* ~ machen *fanya moto;* ~ anzünden *washa moto;* ~ schüren *chochea moto;* ~ fangen *shika moto;* in Brand setzen *tia moto;* ins ~ legen *tia motoni;* aufs ~ setzen *teleka;* vom ~ nehmen *telekua;* ~ auslöschen *zima moto*
feuern (Gewehr) *piga bunduki*
Fieber (Malaria) *homa, homa;* ~mittel *dawa ya homa;* ~thermometer *kipimo cha homa;* ~anfall *kipindi cha homa;* ich habe ~ *nina homa, nimeshikwa na homa;* ich bekomme ~ *nipata homa;* ~ messen *pima homa;* seit gestern habe ich starkes ~ *tangu jana nina homa kali sana*
Figur, Bild *picha, picha;* ~, Gestalt *umbo, maumbo; kimo, vimo*
Filter *chujo, machujo*
filtrieren *chuja*
Film *utando; picha, sinema*
filmen *tandaza utando;* photographieren *piga photograph*
finden *ona, pata* (bekommen), *okota, fumbua;* er~ *zua;* wir haben nichts gefunden *hatukuona kitu*
Finder *mwenyi kuokota;* ~lohn *kiokozi, bakshishi*

Finger *kidole, vidole;* ~hut *tondoo;* ~nagel *ukucha, kucha;* ~ring *pete ya kidole;* fingerdick *wanda, nyanda;* ein fingerdick *wanda moja;* zwei fingerdick *nyanda mbili*
Finsternis *giza* od. *kiza*
Fisch *samaki, samaki;* ~netz *wavu, nyavu;* ~reuse *dema;* ~schuppen *magamba ya samaki;* ~markt *soko ya samaki;* frischer ~ *samaki mbichi;* getrockneter ~ *samaki mkavu;* gesalzener ~ *samaki ya chumvi;* ~ fangen *vua samaki, tega samaki;* ~ kochen *pika samaki;* ~ braten *kaanga samaki*
Fischer *mvuvi samaki;* ~boot *mtumwi wa wavuvi*
fiskalisch *ya serkali*
flach, eben *sawa*
Flagge *bendera;* ~nmast *mlingote ya bendera*
Flamme *ulimi wa moto, waka wa moto*
Flasche *chupa, chupa;* eine ~ Bier *chupa ya bier;* eine ~ Milch *chupa ya maziwa;* ~ öffnen *fungua chupa;* ~ schließen *funga chupa;* eine ~ mit Öl *chupa yenyi mafuta;* Öl~ *chupa ya mafuta;* eine ~ Kognak *chupa ya konyaki;* eine ~ Sekt *chupa ya chempén;* eine ~ Essig *chupa ya siki*
Flaschenzug *roda*
Fläschchen *kichupa*
flattern *papatika, pepea* (im Winde)
flechten *suka, sokota*
Fleck (Schmutz) *doadoa, medoadoa;* fleckig *ina madoadoa*

Fledermaus *kipopo, popo*
Fleisch *nyama;* kaltes ~ *nyama baridi;* gekochtes ~ *nyama iliyopikwa;* gehacktes ~ *mkate wa nyama;* ein Stück ~ *kipande cha nyama*
Fleischer *mchinja nyama*
Fleiß *uhodari*
fleißig, tüchtig *hodari, -elekevu*
flicken *shona*
Fliege *inzi, mainzi;* Stech~ *bunzi;* Sand~ *usubi;* ~n abwehren *fukuza mainzi*
fliegen *ruka;* weg~ *toka ghafula;* durch die Luft ~ *pita juu kwa juu;* in einem Flugzeug ~ *endesha hewani*
Flieger *mrukaji, warukaji*
fliehen *kimbia*
Flinte, lange *mrao, mirao*
Floh *kiroboto, viroboto*
Flosse *pesi, mapesi*
Flöte blasen *piga zumari*
Fluch *apizo, maapizo*
fluchen *maani*
flüchten *kimbia*
Flüchtling *mkimbizi, mtoro*
Flug|hafen, ~platz *kituo, campi ya eropleni;* ~zeug *eropleni*
Flügel *bawa, mabawa*
flüssig *kama maji*
Fluß *mto, mito;* ~bett *bonde la mto, teremko la mto;* ~delta *mto wa kono;* ~pferd *kiboko, viboko;* ~wasser *maji ya mto;* großer ~ *jito, majito;* kleiner ~ *kijito, vijito;* ~ überschreiten *vuka mto, pita mto;* auf einem ~ fahren *pita mtoni;* dem ~ folgen *fuata mto;* flußaufwärts fahren *panda mto;* flußabwärts fahren *teremka mto;* wo ist der ~ ? *mto u wapi?* es ist nicht weit zum ~ *si mbali mpaka mto;* der ~ führt jetzt viel Wasser *mto una maji mingi sasa;* der ~ ist sehr breit *mto mpana sana*
flüstern *nongona, nongoneza*
Flut *maji kujaa*
Fohlen *kinda ya frasi*
folgen *fuata, fuatana, andama*
fordern *dai, taka, uliza;* er fordert von mir fünf Schillinge (ich schulde ihm ...) *anadai kwangu shillingi tano*
Form (Gestalt) *umbo, maumbo, namna;* in dieser ~ *namna hii*
formen *umba* (schaffen); Wassertöpfe ~ *finanga mitungi*
Format *mfano, mifano; namna, cheo*
Formular *namna, karatasi*
fort|bringen *chukua, peleka, ondoa;* ~gehen *ondoka, kwenda zao, toka;* ~jagen *fukuza, kimbiza;* ~laufen *toroka, kimbia;* ~nehmen *chukua, twaa, ondosha* (mit Gewalt), *nyanganya;* ~schicken *tuma, peleka;* ~während *sikuzote;* ~werfen *tupa*
Fracht *nauli;* ~dampfer *meli ya kazi;* ~ laden *pakia mizigo;* ~ zahlen *toa nauli*
Frage *ulizo, maulizo*
fragen *uliza;* frag ihn was er will! *mwuliza ataka nini*
frankieren *tia stampu, bandika tikiti ya posta*
Frankreich *Ufaranza;* Franzose *Mfranza, Wafranza;* französisch *maneno ya Kifaranza*
Frau *bibi wabibi, mwanamke, wanawake;* Ehe~ *mke, wake,*

bibi, wabibi; ~enarbeit *kazi ya wanawake;* eine Frau heiraten *oa mke;* sich von der ~ scheiden *acha mke*
Fräulein *bibi*
frecher Mensch *mkavu wa macho*
frei *huru*
Freiheit *uhuru*
Freitag *juma*
fremd *-geni*
Fremder, Besuch *mgeni, wageni*
fressen *ku-la*
Freude *furaha;* ~ empfinden *ona furaha;* ~ machen *furahisha*
freuen, sich *furahi, changaamka*
Freund *ndugu, rafiki;* ~in *shoga, mashoga*
freundlicher Mensch *mwenyi upole*
Freundschaft *urafiki;* ~ schließen *fanya urafiki*
Friede *amani*
Friedensvertrag *mapatano ya amani*
frieren *ona baridi*
frisch, neu *mpya;* roh, grün *-bichi*
Frist *muda, muda;* ~ von einem Monat *muda kwa mwezi moja*
Fisur *usuki wa nyele*
fröhlich sein *ona furaha;* ~er Mensch *nutu wa furaha;* er ist ~ *ana furaha*
fromm *-tawa;* er ist ein ~er Mann *yeye mtawa, yeye mcha Muungu*
Frosch *chura, vyura*
Frucht *tunda, matunda;* Feldfrüchte *vyakula (vya mashamba);* ~baum *mti wa matunda;* ~saft *sharbet;* ~schale *bakuli ya matunda;* ~ aufschneiden *kata tunda;* Früchte tragen *zaa;* was für Früchte sind hier zu haben? *Matunda gani kupatikana hapa?* Orangen *chungwa, machungwa;* Zitronen *ndimu ndimu;* Limone *limao;* große Limone *furungu;* Mango *embe, maembe;* Kokosnuß *nazi, nazi;* Mandarine *chenza, naji;* Guyave *pera;* Granatapfel *komawanga;* Pampelmuse *balungi;* Maulbeerfeige *kuyu;* Tomate *nyanya, nyanya;* Zimtapfel *stafeli, stafeli;* Ananas *nanasi, manasi;* Banane *ndizi, ndizi;* Arekanuß *popoo, popoo;* Tamarinde *kwaju, kwaju;* Brustbeere *kunazi, makunazi;* Papaiafrucht *papai, mapapai;* Durianifrucht *duriani*
fruchtbar (von Menschen, Tieren, Bäumen) *mzazi;* (von Boden, Land) *-a mnyevu;* dieses Land ist ~ *inchi hii ina mnyavu, inchi yenyi ndongo mzuri*
früh *mapema;* ~morgens *asubuhi mapema;* morgen ~ *kesho asubuhi;* wir wollen ~morgens aufbrechen *twataka kuondoka asubuhi na mapema*
früher, einst *zamani*
Frühstück *chakula cha usubuhi*
fügen, sich *fuata amri*
fühlen *ona*
führen *ongoa, peleka;* mit sich ~ *chukua*
Führer *kiongozi, viongozi*
füllen, sich *jaa;* voll machen

Führer — **Gebäude**

jaza; Gläser ~ *jaza bilauri;* mit Wasser ~ *jaza maji*
Füllen *mtoto, watoto;* Pferde~ *mtoto wa frasi;* Esel~ *mtoto wa punda*
Fundament *msingi, misingi;* ~ abstecken *pima msingi;* ~ graben *chimba msingi*
fünf *tano;* ~fach *mara tano;* ~hundert *mia tano;* am ~ten Tage *siku ya zano;* ~tel *zerenge, zerenge;* ~zehn *kumi na tano;* ~zig *hamsini*
Funke *cheche, macheche;* elektrischer ~ *cheche la stimu*
für *kwa;* ~ wen? *kwa nani?* ~ dich *kwa wewe;* ~ nichts *buer*
fürchten, sich *ogopa, fanya hofu*
Fürsprecher *mwombezi, maombezi*
Fürst *mfalme, wamfalme*
Fuß *mguu, miguu;* Längenmaß *futi;* ~ball *mpira mkubwa;* ~ballspiel *mcheso wa mpira;* ~ball spielen *cheza futbol;* ~gänger *mwenda kwa miguu;* ~spangen *mtali, mitali;* ~spur *wayo, nyayo;* ~tritt *teke, mateke;* ~tritt geben *piga teke;* ~weg *njia ya miguu;* rechter ~ *mguu wa kuume (kulia);* linker ~ *mguu wa kushote;* zu ~ gehen *kwenda kwa miguu;* der ~ tut mir weh *mguu unaniuma*
Futter, Nahrung *chakula, vyakula;* Kleider~ *bitana ya nguo*
Futteral *mfuko, mifuko;* ala *nyala*
füttern *lisha*
Fütterung *malisho; chakula, vyakula*

G

Gabel *uma, nyuma*
gackern *tetea*
gähnen *kwenda miayo, piga miayo*
Galle *nyongo*
galoppieren *piga shoti*
Gang, Gangart *mwendo;* in ~ setzen *endesha;* den ~ wechseln (des Autos) *badili mwendo (wa motocaa)*
Gans *bata (la bukini);* Gänsemarsch *mwendo wa kuku*
ganz *-zima;* ~ und gar *kabisa;* im ~en *kwa jumla;* gänzlich *kabisa*
gar *-bivu;* nicht ~ *-bichi;* ~ gekocht sein *tokoseka*
gären *chacha, chachuka*
Garten *bustani;* Blumen~ *bustani ya maua;* Gemüse~ *bustani ya mboga shamba la mboga;* einen ~ anlegen *fanya bustani*
Gärtner *mlimaji bustani, boy bustani*
Gast *mgeni, wageni;* gastfreundlich *karimu;* ~freundschaft *ukarimu;* ~geber *mwenyi mgeni, mkirimu*
Gatte *mume, waume;* ~in *mke, wake*
Gaumen *kaa la kinwa*
Gauner *mjanja, wajanja*
Gebäck *mkate, mikate*
gebären *zaa;* Gebärmutter *mji*
Gebäude *nyumba, nyumba*

geben *ku-pa;* her~ *leta;* heraus~ *toa;* wieder von sich ~, erbrechen *tapika;* es gibt nicht, es hat nicht *hapana, hakuna;* gib mir *nipe;* gebt mir *nipeni;* gib ihm *mpe*
Gebet *sala, sala;* ~steppich *msala, zulia la kusala;* ~srufer *mwezin*
Gebiet *inchi*
gebildet *-enyi adabu;* er ist ein ~er, anständiger Mann *yeye mtu wa adabu*
geboren werden *zaliwa*
Gebot *amri*
gebrauchen *tumia*
Gebräuche *desturi;* frühere ~ *desturi za zamani;* jetzige ~ *desturi za sasa;* gebräuchlich *inafaa;* nicht gebräuchlich *haifai, si desturi*
Gebrüll *ngurumo, mlio*
Gebühren *garama, kodi, ushuru;* wer hat die ~ zu bezahlen? *juu ya nani kutoa garama?*
Geburt *uzari, kuzaliwa;* ~stag *siku ya kuzaliwa*
Gebüsch *kichaka, magugu*
Gedächtnis *ukumbuko, akili, ufahamu*
Gedanken *mawazo, fikira*
gedeihen *ota, kua* (wachsen), *nenepa* (dick werden), *sitawi* (blühen)
Gedicht *ushairi, shairi, utenzi*
geduldiger Mensch *mtu taratibu, mtulivu*
Gefahr *hatari, ovu, maovu;* gefährlich *hatari;* gefahrlos *rahisi, haina hatari*
Gefährte *mwenzi, wenzi*
gefallen *pendeza*
Gefälligkeit, Güte *wema, ehsani*
gefangen nehmen *kamata, funga*

Gefangen|er *mwenyi kufungwa, mfungwa;* ~schaft *kifungo;* Gefängnis *kifungo, gereza jeli*
Gefäß *chombo, vyombo;* von Blech *debe;* Schüssel *bakuli;* pflanzlichen Ursprungs *buyu, kibuyu*
gefleckt, fleckig *-enyi madoadoa*
Geflügel *kuku*
Gefühl *ku-ona*
Gegend *upande, inchi;* in dieser Gegend *pande hizi*
Gegenstand *kitu, vitu*
gegenüber *mbele ya*
Gegner *adui, maadui*
Gehalt, Lohn *mshahara;* ~ bezahlen *lipa mshahara;* ~ verweigern zu zahlen *kataa mshahara;* ~ erhöhen *ongeza mshahara;* ~ verringern *kata mshahara*
gehängt werden *nyongwa*
Geheimnis *siri*
gehen *kw-enda; ondoka, safiri;* geh! *nenda!* geht! *nendeni!* ich gehe weg *nakwenda zangu;* ich gehe in meine Heimat, in mein Dorf *nakwenda kwetu;* schlafen ~ *kwenda kulala;* zu Fuß ~ *kwenda kwa miguu;* es geht mir gut *sijambo;* geh weg *ondoka;*
Geheul *mlio, milio*
Gehilfe *mwanafunzi, wanafunzi*
gehorchen *fuata maneno, sikia*
gehören *mali ya;* wem gehört dies? *mali ya nani nii?*
Geist, Verstand *akili;* Seele *roho*
Geister, böse und gute, der Verstorbenen *pepo, pepo;* der Ahnen *mzimu, mizimu;*

Gespenst, Erscheinung *mzuka, mizuka*
Geiz *choyo, ubahili;* ~hals *mwenyi choyo;* geizig *bahili*
Ge|kritzel *machorochoro;* ~lächter *cheko, kicheko, vicheko;* ~lände *inchi*
gelangen, zu jemand *fikia, wasilia*
gelb *kimanjano, rangi ya manjano, rangi ya machungwa*
Geld *feza, mapesa, noti;* Reichtum *mali;* ~anweisung *barua ya fedha;* ~beutel *mfuko, mifuko (ya feza);* ~leiher *mkopeshaji fedha;* ~ machen *mbadili fedha;* ~wechsler *pata fehda;*
Gelegenheit *nafasi;* ~ finden *ona nafasi;* ~ für günstig halten *ona wakati bora*
geleiten *fikisha*
Gelenk *kiungo, viungo*
Gemahl *mume, waume;* ~in *mke, wake, bibi, wabibi*
Gemüse *mboga;*
Gemüt *roho*
genau *sana, halisi, sawasawa*
genesen *pona*
Genosse *mwenzi, wenzi*
genug *basi, yatosha;* das genügt *basi, tosha* oder *inatosha* oder *yatosha;* genügend *ya kutosha*
Gepäck *masanduku;* Last *mizigo;* ~wagen *gari la mizigo;* eine Last aufnehmen (auf Kopf oder Schultern) *twika mzigo;* Last ablegen *panga mzigo*
gerade, aufrecht *sawasawa;* soeben *sasa hivi;* ~ sein *nyooka;* ~ machen *nyosha;* ~ stehen *simama, sawa;* der

Weg geht ~aus *njia inakwenda moja kwa moja*
Gerät *chombo, vyombo*
Geräusch *makelele, uvumi*
Gericht *sheria, baraza, koti;* vor ~ gehen *kwenda kwa sheria, kwenda kotini;* ~sgebühren *garama ya meza, ya koti;* ~ssitzung *shauri, baraza;* ~stag *siku ya shauri;* ~sverhandlung *shauri, mashauri*
gering *-dogo, hafifu, haba*
gerinnen *ganda*
Gerippe *mafupa*
gern haben *penda*
Geruch *arufu, harufu,* ~ wahrnehmen *sikia harufu*
Gerüst *jukwari, majukwari, kiunzi, viunzi*
Gesamtsumme *jumla;* wieviel kostet das alles zusammen? *jumla nzima ni shilingi ngapi?*
Gesang *wimbo, nyimbo*
Gesäß *matako*
Geschäft|e *biashara* (Handel); ~sführer *karani;* ~smann *mfanya biashara*
Geschenk *zawadi, bakshishi* (Trinkgeld)
geschickt *hodari, stadi*
Geschirr *vyombo*
Geschlechtsteil, männlich *mboo;* weiblich *kuma*
Geschmack *laza, maonji* (auch Geschmackssinn)
Geschrei *kelele, makelele*
Geschwindigkeit *haraka, upesi,* geschwind *upesi*
Geschwulst *uvimbe, marugurugu*
Geschwür *jipu, majipu, donda*

Gesetz *sheria;* ~gebung *hokumu ya sheria*
Gesicht *uso, nyuso*
Gesinnung *moyo, roho, tabia, nia*
gesondert, getrennt *mbalimbali*
Gespenst *pepo, unyago, manyago*
Gespräch *mazungumuzo*
Gestade *pwani*
Gestalt *umbo, maumbo*
Geständnis ablegen *ungama, kiri*
gestatten *pa ruhsa, kubali*
gestern *jana*
gesund *-zima*
Gesundheit *uzima*
Getränk *kinywaji;* berauschendes ~ *kileo*
getrennt *balimbali*
Gewalt *nguvu, amri*
Gewehr *bunduki;* ~riemen *mshipi wa bunduki*
Gewicht *uzani;* ~sstücke einer Waage *mawe ya mizani*
Gewinn *faida;* gewinnen *pata, chuma*
gewiß *kwa yakini*
Gewissen *moyo, roho*
Gewohnheit *desturi, mazoeo, kaida, mila*
gewöhnen, sich *zoea*
gewöhnlich, wie ~ *kama desturi*
Gewölbe *tao, matao*
Gewürz *bizari, kiungo*
geziemen, es geziemt sich *inafaa, yafaa;* es geziemt sich nicht *haifai*
Gicht *jongo, majongo*
Giebel *ubavu wa nyumba*
gießen *tia maji*
Gießkanne *ndoo ya kurashia maji*
Gift *sumu, liga, maliga;* durch ~ sterben *kufa kwa nuns*
Giraffe *twiga, twiga*
Glanz *uangafu, kimeta*
glänzen *ngara, meta*
Glas, Trink~ *bilauri;* ~perle *ushanga, shanga;* ~scheibe *kioo, vyoo*
glatt *laini;* ~ machen *lainisha*
Glatze *upaa*
Glauben, Religion *dini;* ~, Vertrauen *imani*
glauben, für wahr halten *sadiki, ona;* ~, zweifelhaft sein *zani*
Gläubiger *mwenyi kudai*
glaubwürdig *amini, mwaminifu*
gleich *sawasawa, vilevile;* ~, sofort *sasa hivi;* ~, ähnlich sein *fanana, lingana;* ~ machen *fanya sawasawa;* sich ~en *fanana;* ~falls *sawasawa, vilevile;* das ist ~gültig *haizuru*
Gleichnis *mfano, mifano*
Gleis *reli*
gleiten, aus der Hand *chopoka*
Glied, Reihe *safu*
Glieder *maungo*
Glocke *kengele, kengele*
Glück *heri;* ~ auf die Reise wünschen *pa salamu ya safari, bahti*
glücklich sein *ona bahti, ona furaha*
Gnu *nyumbu*
Goanese *Goa, Magoa*
Gold *dhahabu;* ~gräber *mchimbaji dhahabu;* ~fisch *namna ya samaki mdogo mwenya rangi ya dhahabu;* ~schmied *mfua dhahabu, sonara;* ~stück *feza za dhahabu*

Gott *Muungu, Allah;* ~es Wille *amri ya Muungu*
Gouverneur *bwana mkubwa sana, bwana Gavana*
Grab *kaburi, makaburi;* ~en *fereji*
graben *chimba*
grämen, sich *sikitika, ona machungo*
Grammatik *nahau*
Granatapfel *komamanga, makomamanga*
Gras *majani,* ~hüpfer *panzi;* ~steppe *pori;* grasgrün *rangi ya majani*
gratis *bure*
gratulieren *ku-pa mkono wa salamu*
Gräte *mwiba, miiba*
grau *kiivuivu, rangi ya majivu*
grausamer Mensch *mkorofi*
greifen *kamata*
Greis *mzee, wazee*
Grenz|e *mpaka, mipaka;* ~stein *jiwe la mpaka;* ~zeichen *alama ya mpaka;* ~e überschreiten *pita mpaka;* an der ~e ankommen; *fika mpaka;* ~e festlegen *piga mpaka;* zeige mir die ~e *nionyeshe mpaka;* der Fluß bildet die ~e *mto ndio mpaka*
Griff, Stiel *mpini, kipini*

grinsen *fanya kicheko, cheka*
grober Mensch *mtu mkali*
groß *-kubwa, -refu;* vornehm *-kuu*
Größe *ukubwa, urefu*
Groß|mutter *bibi;* ~vater *babu*
großziehen *lea*
Grube *shimo, mashimo*
grün *rangi ya majani;* roh *-bichi*
Grund *sababu, ajili;* aus welchem ~ ? *sababu gani ?* ohne ~ *bila sababu;* ~ und Boden *kiwanja* (Grundstück)
gründlich *sana*
Grünspan *kutu ya shaba*
grunzen *lia*
Gruß *salamu, salam;*
grüßen *salimu, salimia, ku-pa salamu*
gültig *sahihi, sabiti*
Gummi *mpira, mipira;* ~ball *mpira, mipira*
günstig *bora*
gurgeln *sukutua, gugumiza*
Gurke *tango, matango;* ~nsalat *saladi ya matango*
Gürtel *mshipi, mishipi, mkanda*
gut *-ema, -zuri;* adv. *vema, vizuri*
Guthaben *mali*
Güte *wema, ehsani*
Guyave *pera, mapera*

H

Haar|e *nywele, nyele;* ~bürste *burashi;* ~schneider *mnyozi, wanyozi;* ~e schneiden *kata nywele;* ~e kämmen *chana nywele;* ~e waschen *osha nywele;* ~e flechten *suka nywele*

Habe *mali*
haben *ku-wa-na;* (sein mit) ich habe *nina* (vgl. Gramm.); bei sich ~ *chukua;* in Händen ~ *shika;* was hast du ? d. h. was fehlt dir ? *una nini ?*

Habicht *mwewe, miewe*
Hacke *jembe, majembe;* Spitz~ *sururu, sururu*
hacken, ackern *lima;* Fleisch ~ *katakata nyama;* Holz ~ *kata kuni*
Häcksel *pepe, mapepe*
Hafen *bandari;* ~gebühr *kodi ya bandari*
Haft *kifungo;* er ist haftbar *imelazima, juu yake;* er ist nicht haftbar *si juu yake*
Hagel *seluji, mvua ya mawe;* hageln *piga mvua ya mawe*
Hahn *jogoo, majogoo*
Haifisch *papa, papa*
Haken *chango, vyango, kulabu;* eiserner ~ *chango, cha chuma*
halb, Hälfte *nusu;* eine ~e Stunde *nusu saa*
halbieren *kata nusu-nusu, gawa nusu kwa nusu*
Halle *banda, mabanda;* Empfangsraum *baraza;* Markt~ *soko*
Halm *bua mabua*
Hals *shingo, mashingo;* ~kette *mkufu, mikufu;* Perlkette *ushanga wa shingo*
halt! *simama! ngoja!*
haltbar *-gumu, kamata*
halten *shika,* (fassen) *simama* (stehen bleiben), *chukua* (fassen); *ngoja* (warten); halte hier fest *kamata hapa;* halte dies *shika hii;* halte hier an, bleib hier stehen *semama hapa*
Hammel *kondoo ume, dume la kondoo*
Hammer *nyundo, nyundo*
hämmern *ngongomea*
Hämorrhoiden *bawasir, mabawasir*

Hand, Arm *mkono, mikono;* ~fläche, innere *kiganja cha mkono, kikofi;* ~gelenk *kifundo (kiungo) cha mkono;* ~gepäck *visanduku;* ~griff *mpini, kipini;* ~griff eines Korbes *mashikio;* ~koffer *kisanduku, visanduku;* rechte ~ *mkono wa kulia, mkono wa kuume;* linke ~ *mkono wa shoto, mkono mshoto; mkono kuke*
Handel *biashara;* handeln *fanya biashara;* ~sbrauch *desturi ya biashara;* ~sgeschäfte *biashara;* ~sgesellschaft *shirka;* ~sgut *mali, bizaa;* ~sschiff *merkebu ya biashara;* ~swaren *bizaa, mali*
Händler *mfangya biashara*
Handlung *kitendo, mambo*
Handmühle *kinu cha mkono, mawe ya kusiaga unga*
Handschrift *mkono, mwandiko, maandishi*
Handtuch *kitambaa, kitambaa cha kufutia mikono*
Handwerker *fundi, mafundi; muhunzi*
Handzeichen *mkono*
handvoll, soviel als mit der Hand (innere Handfläche nach oben) gehalten werden kann *kofi, makofi; kofi tele;* mit geschlossener Faust (Finger nach unten) *konzi tele;* beide Hände zusammen *gao, magao*
Hanf *bangi, hashishi;* es ist verboten ~ zu rauchen *imekatazwa kuvuta bangi*
Hanffaser *kitani, uzi wa kitani*
Hängematte *wavu wa kulalia*
hängen, jemand *nyonga*

hart -*gumu*
Hartebeest *kuguni, kongoni*
Harz *urimbo*
Hase *sungura*
hassen *chukia, kirihi*
häßlich -*baya, si* -*zuri*
hauen *piga*
Haufe, Menge *chungu;* ~ Menschen *watu wengi; jeshi la watu;* in ~*n* legen *panga mafungu*
häufeln, behacken *palilia;* den Mais auf~ *palilia mhindi*
häufig *mara nyingi*
Häuptling *jumbe, majumbe; mfalme* (König), *sultani, mwenyi inchi, mzee*
hauptsächlich *mno, hasa*
Hauptwort *neno la kitu*
Haus *nyumba, nyumba;* ~besitzer *mwenyi nyumba;* ~miete *kodi ya nyumba;* ~türe *mlango wa nyumba;* Lehm~ *nyumba ya udongo;* Stein~ *nyumba ya mave;* Wellblech~ *nyumba ya mabati;* ~ mit Palmblättern bedeckt *nyumba ya makuti;* ~ bauen *jenga nyumba;* ~ einrichten *pamba nyumba;* ~ mieten *panga nyumba;* ~ vermieten *pangisha nyumba*
Haut *ngozi, ngozi;* ~ abstoßen *chubua;* ~farbe *nuru;* ~krankheit *balanga, mabalanga*
Hebamme *mkunga, mzalisha*
heben *inua, pandisha;* auf den Kopf ~ *tweka, twika;* ~, helfen *twisha, tewsha*
Hecke *boma, ugo, nyugo*
Heer *jeshi, majeshi*
Hefe *chachu;* ~ von Palmwein *sira la tembo*

Heft *daftari*
heften *shona*
Heide, Ungläubiger *kafir, makafir*
heil, unversehrt *salama;* ~ig *takatifu*
heilen *ponya*
Heiliger *walii*
Heil|kunde *uganga;* ~mittel *dawa;* ~ung *maponyo;* ~sarmee *Jeshi la Wokofu*
Heimat, meine, unsere *kwetu;* eure, deine ~ *kwenu;* vgl. Grammatik S. 27
heimatliche Sitte *desturi ya kikwetu (kukwenu, kikwao);* ~ Sprache *maneno ya kikwetu;* er ist heimatlos *hana kwao*
heimlich *kwa siri, kwa maficho*
Heimweh haben *ona uchungu, ona majonsi*
Heirat *ndoa, nikahi*
heiraten, vom Mann *oa;* von der Frau *olewa*
heiß -*a moto;* es ist heute ~ *jua kali leo;* ~ werden *pata moto;* ~ machen *pasha moto*
heißen, wie heißest du? *jina lako nani? itwa* (gerufen werden); wie heißt dieser Ort? *mji huu jina lake nini?* wie heißt das auf Suaheli? *nini hii kisuaheli?*
Heiterkeit, Freude *furaha*
Heizer *mchochea moto, mtia makaa*
helfen *saidia;* hilf ihm das Zelt zusammenlegen *msaydie kukunja hema*
hell, weiß -*eupe;* es ist ~ geworden, es hat sich aufgeklärt *nje kumekucha*

Helm *shupeo, mashupeo*
Hemd *julana;* Ober~, vom Halse bis zu den Knöcheln reichend *kanzu*
Hengst *frasi dume*
Henkel *mkono;* ~ eines Korbes *mpini;* bewegliche ~ *utambo*
Henne, Bruthenne *koo la kuku*
herab|lassen *shusha;* ~steigen *shuka, tememka*
heran|kommen *karibia, sogelea;* ~wachsen *kua*
heraufziehen *pandisha*
heraus|bringen *toa, toa nje;* ~geben *toa;* ~gehen *toka;* ~holen *toa;* ~kommen *toka;* ~kriechen *toka;* ~lassen *toa;* ~legen *toa nje, weka nje;* ~nehmen *toa;* ~picken *chokora;* ~stehen *tokeza, janya domo;* ~steigen *toka*
herb *-chungu, -kali*
Herd, Feuerherd *jiko, meko, jikoni;* eiserner ~ *meko ya chuma;* elektrischer ~ *meko ya umeme* (oder) *ya stimu*
Herde *kuni, makundi*
herein! *karibu!*
herein|führen *ingiza;* ~kommen *ingia*
her|geben *leta;* ~holen *leta hapa, chukua hapa;* ~kommen *toka;* ~laufen, hinter jemand *andamia;* ~nach *halafu*
Herr *bwana;* ~in *bibi mkubwa, memsaab*
herrichten, in Ordnung bringen *tengeneza;* ~, fertig machen *weka tayari, janya tayari*
Herrschaft, Macht *ezi, enzi, milki, mulki, dola*
herrschen *tawala, hokumu, miliki*

Herrscher, Herr *hakimu, mwenyi kutawala*
her|schicken *leta;* ~schleichen *nyata*
herum|führen *zungusha;* ~gehen *zunguka*
herunter|fallen *anguka;* ~gehen *shuka, teremika;* ~holen *leta, angua, shusha;* ~lassen, ~nehmen *shusha;* ~reißen (Haus) *pomoa;* ~stürzen, gleiten *poromoka;* ~tröpfeln *chiririka;* ~werfen *tupa chini, angusha*
hervorbringen *toa, zaa, janyiza*
Herz *moyo, mioyo;* roho (Seele); ~fehler *ugonjwa wa moyo;* ~klopfen *kiherehere cha moyo*
Heu *majani makavu*
Heuchler *mjanja, majanja*
heulen *lia;* das Heulen *kulia, kilio*
Heuschrecke *nzige, nzige* (Wander~); Gras~ *panzi;* ~nbrut *junutu* (die, welche noch nicht flügge sind), *watoto wa nzige;* ~neier *mayayi ya nzige*
heute *leo, siku ya leo;* ~ früh *leo mapema;* ~ morgen *leo asubuhi;* ~ mittag *leo saa sita;* ~ vor 8 Tagen *leo siku ya nane;* heutzutage *siku hizi*
Hiebe *fimbo*
hier *hapa, hapo;* ~, an Ort und Stelle *papa hapa;* ~ und da *hapa na hapa;* ~ und dort *huku na huku;* von ~ bis dort *toka hapa hata kule;* warte ~ *ngoja hapa;* ~hin *humu*
Hilfe *msaada, misaada;* um ~ rufen *piga kelele*

Hilfe 63 **hohl**

Himmel *mbinguni*
hin und her *huku na huku;* ~ und zurück *kwenda na rudi*
hinab *chini;* ~bringen, ~steigen *shusha*
hinauf *juu;* ~bringen *pandisha;* ~gehen, ~steigen *panda*
hinaus *nje;* ~gehen *toka*
hinbringen *peleka*
hindern *zuia, ziwia*
hinein *ndani, mle ndani;* ~blikken *chungulia;* ~bringen *leta ndani, ingiza;* in etw. ~fallen *tumbukia;* ~führen *ingiza;* ~gehen *ingia;* ~gucken *chungulia;* ~kommen *ingia;* ~tun *tia;* ~werfen *tupa ndani, tumbukia*
Hinfahrt *safari ya kwenda;* Hin- und Rückfahrt *safari kwenda na kurudi*
hin|fallen *anguka;* ~gehen *kwenda;* ~halten, jemand *weka;* ~hören *sikiliza*
hinken *chechema, kwenda chopi*
hinlegen *weka;* sich ~ *kwenda kulala*
Hinmarsch *safari ya kwenda;* Hermarsch *safari ya kurudi*
hinrichten *ua;* hingerichtet werden *uawa, nyongwa*
hin|schauen *tazama;* ~setzen *weka;* sich ~setzen *kaa kitako*
hinsichtlich *katika*
hinstarren *kodoa macho*
hinten *nyuma;* von ~ *kwa nyuma*
hintereinander *moja kwa moja*
hinter|gehen *danganya;* ~her *nyuma*
Hinter|kopf *kishogo;* ~land *bara*
hinter|lassen *acha;* ~legen (Pfand) *weka amama*

Hinter|list *fitina;* ~seite *nyuma*
hinüber, auf die andere Seite *upande ule*
hinuntergehen *shuka, kwenda chini*
hinzufügen *ongeza*
Hirn *ubongo*
Hirse *mtama, matama, mpemba;* Eleusine~ *wimbi;* ~bier *pombe;* ~brei *ugali wa mtama;* ~feld *shamba la mtama;* ~mehl *unga wa mtama;* ~suppe *uji wa mtama*
Hirte *mchunga, mchungaji;* Kuh~ *mchunga wa ngombe*
Hitze *moto, mioto*
hitzig *-kali*
Hobel *randa;* hobeln *piga randa*
hoch *-refu, -kubwa*
Hochmut *kiburi*
Hochzeit *harusi;* ~sgeschenke des Bräutigams an die Braut (Morgengabe) *mahari;* an die Schwiegereltern *vitu;* ~smahl *karamu ya harusi;* ~stag *siku ya harusi*
hochziehen *vuta juu, pandisha*
hocken *chutama*
Höcker des Rindes *nundu*
Hoden *pumbu*
Hof vor dem Haus *uwanja, niwanja;* hinter dem Haus *nyua, uani*
hoffen *tumai, taraji, omba*
Hoffnung *tamaa;* vertrauen *matumaini*
Höflichkeit *adabu, heshima;* höflicher Mensch *mtu wa adabu*
hohl *wazi, ndani, -tupu;* ~ klingen *lia wazi*
Höhe *urefu;* in der ~ *juu*
Höhle *shimo;* (in der Erde)

Höhe   64   **Ingwer**

pango; mapango (in der Wand, Mauer)
holen *leta, twaa, chukua;* Wasser ~ *chota maji;* Feuerholz ~ *chota kuni*
Hölle *motoni*
Holz *mti, miti;* Bau~ *miti ya kujenga;* ~kohle *makaa la mti;* Hölzchen *kijiti, vijiti;* ~balken *boriti, mbao;* ~brett *ubao, mbao;* ~stück *kipande cha mti;* grünes ~ *miti mibichi;* trockenes ~ *miti mibivu*
Honig *asali ya nyuki*
horchen *sikiliza*
hören *sikia;* Telefonhörer *sikio*
Horizont *upepo wa macho*
Horn *pembe, pembe*
Hornusse, Horniss *nyia manyia*
Hose *suruali*
Hotel *hoteli*
Huf *ukwato;* ~eisen *chuma cha frasi*

Hüfte *kiuno, vyuno*
Hügel *kilima, vilima*
Huhn *kuku, kuku*
Hülfe *msaada;* um ~ rufen *piga yowe;* um ~ bitten *omba msaada*
Hülse, Schale *ganda, maganda*
Hund *mbwa, mbwa;* wilder ~ *mbwa wa koko;* Hündin *mbwa jike;* Rüde *mbwa dume*
hundert *mia*
Hunger *njaa, njaa;* ich habe ~ *nina njaa;* vor ~ sterben *kufa njaa*
hüpfen *rukaruka*
Hürde, Stall *zizi, mazizi*
husten *kohoa*
Hut *kofia, kofia*
hüten, bewachen *linda;* Vieh ~ *chunga ngombe;* sich vor etwas ~ *angalia*
Hütte *kibanda, vibanda*
Hyäne *fisi, fisi*

I

ich *mimi*
Idee *nia, shauri*
Idiot *jura, mjinga kabisa*
im, in *katika, nadani ya;* ~ Hause *katika nyumba,* oder *ndani ya nyumba,* oder *nyumbani;* ~ allgemeinen *mno;* ~ Falle, daß *endapo, ikiwa;* ~ Stiche lassen *acha;* ~ voraus *kwanza, mbele;* ~ voraus bekommen *pata kwanza*
immer *siku zote;* ~ wieder *tena na tena*
impfen *chanja (ndui)*
importieren *ingiza*

impotent *hanisi*
imstande sein *weza* = können
Inder *Muhindi, Wahindi;* heidnischer ~ *Banyani, Mabanyani*
indessen *lakini*
Indigo *nili*
indisch *kihindi, luga ya kihindi, maneno ya kihindi*
Infektion *ambukizo, maambukizo*
infizieren *ambukiza*
infolge von *kwa, kwa sababu ya*
Ingwer *tangawizi* (geschälte und getrocknete Wurzeln, hellgelbgrün und klein, des

Zingiber officinalis Roscoe, *mtangawizi* genannt)
Inhalt *yaliyomo* (was darin ist) *kadiri;* ich habe den ~ gelesen *nimesoma yaliyomo*
Inland *bara*
Innenseite *bara*
innerhalb *ndani ya, muda;* ~ der Stadt *katika mji;* ~ 8 Tagen *muda wa siku nane*
Insel *kisiwa, visiwa*
Insekt *mdudu, wadudu;* schädliches ~ *wadudu wabaya;* ein ~ hat mich gestochen *mdudu amenifulia*
insgesamt *pia*
Inspektion *mkaguo, ukaguzi, spekseni;* Inspektor *mwangalizi, mkaguzi;* inspizieren *angalia, tazamia, kagua, aua*
instruieren *fundisha, elimisha*
Instrument spielen *piga kinanda*
intelligenter Mensch *mwenyi akili*
Interesse *moyo wa kupenda*
Intrige *fitina;* intrigieren *fanya fitina*
inwendig *ndani*
irreführen *kosesha njia*
irren, sich *kosa;* Irrtum *kosa, makosa*
Islam *islamu*

J

ja *ndio, ndiyo, naam;* ~, ich bin es *ndio, mimi*
Jacke *kisibao,* (Weste) *koti*
Jagd *mawindo, ku-winda;* auf die ~ gehen *winda, winda nyama, kwenda kupiga nyama;* Jäger *mwinda, mpiga nyama*
Jahr *mwaka, miaka;* voriges ~ *mwaka jana;* vorletztes ~ *mwaka juzi;* nächstes ~ *mwaka ujao;* ~eszeit *wakati wa mwaka, nykati wa mwaka;* heiße ~eszeit (NO-Monsun) *kaskasi, musimi;* (Dezember-Februar); *tanga mbili* (März); große Regenzeit *masika* (SO-Monsun) *kusi;* kalte ~eszeit *kipupwe* (Juni, Juli, August); Zeit von September bis November *demani;* im Oktober kleine Regenzeit *mvua*
Jahrgang, Alter *rika, marika;*
er ist gleich alt wie ich *yeye na mimi rika moja*
jährlich *kila mwaka*
jammern *lalama, jiuguza*
Jasmin *yasmini;* wilder ~ *afu*
jäten *palia, palilia*
jeder *kila*
jemand *mtu*
jenseits *upande ule*
Jesus Christus *Yesu Kristu*
jetzt *sasa;* von ~ ab *tangu sasa;* bis ~ *mpaka sasa, hata sasa*
Jubel *shangwe;* zujubeln *shangilia*
jucken *washa, nyea*
Jude *Yahudi, Mayahudi*
Jugend *ujana, udogo*
jung *kijana*
Junge *mtoto mwanamume, kijana*
Jungfrau *bikra, mwari, mwali, mwana mwari*
Jüngling *kijana, mvulana*
Juwel *johari*

K

Kabel, elektrisches *uzi wa stimu*
Kabine *chumba cha meli;* ~nkoffer *sanduku ya bati*
Kadaver *mzoga, mizoga*
Käfer *mdudu, madudu*
Kaffee|baum *mbuni, mibuni;* ~bohne *buni* od. *buni za kahawa;* ~getränk *kahawa;* ~maschine *kinu cha kufanya kahawa;* ~mühle *kinu cha kusagia buni;* ~tasse *kikombe cha kahawa, vikombe cha kahawa;* ~ mahlen *saga buni;* ~ rösten *kaanga buni;* ~ an der Sonne trocknen *anika buni;* ~ kochen *pika kahawa;* bring den ~! *leta kahawa!*
Käfig *tundu, matundu, kirimba, virimba*
Kakao *koko*
Kalabasse *buyu, kibuyu* (aus der Frucht des Affenbrotbaumes)
Kalb *ndama ya ngombe;* ~fleisch *nyama ya ndama;* ~sbrust *kidari cha ndama;* ~skopf *kichwa cha ndama;* ~sleber *ini la ndama*
Kalender *kalendari*
Kalk *chokaa;* ~ofen *tanuru*
kalt *baridi;* ist dir zu ~? *unaona baridi?* es ist ~ draußen *nje kuna baridi;* ~ werden (von Speisen) *zizima, poa;* ~ stellen *weka baridi*
Kamel *ngamia, ngamia*
Kamerad *mwenzi, wenzi, ndugu, madugu*

Kamm *kitana, vitana;* großer, hölzerner ~ *shanuo;* kämmen *chana;* tüchtig kämmen *chanua*
Kammer, Zimmer *chumba, vyumba;* ~ (Magazin) *gala*
Kampf *vita; kondo; mapigano*
kämpfen *pigana*
Kampfer *kafuri*
Kanal *njia ya maji; fereji; handaki*
Kaninchen *kisungura, visungura; kititi, vititi*
Kanne *kopo, makopo; dumu, madumu;* Milch~ *dumu la maziwa*
Kanone *mzinga, mizinga*
Kapital *mali*
Kapitän *nahoza, kapiteni*
Kapital *mlango; beti; fungu*
Karawane *msafara, safari;* ~ ausrüsten *funga safari;* ~nführer *kiongozi, viongozi;* ~nstraße *barabare;* ~nträger *mpagazi, wapagazi*
Karren *gari, magari*
Karte, Plan *ramani*
Karten|spiel *karata;* ~ spielen *cheza karata*
Kartoffel *kiazi, viazi;* Süß~ *viazi ya kishenzi;* ~püree *viazi vya kuponda;* ~schalen *maganda ya viazi;* ~suppe *supu ya viazi;* ~ schälen *menya viazi*
Kassawa *muhogo*
Käse *chisi*
Kästchen *kisanduku, visanduku*
Kasten *sanduku, masanduku*
kastrieren *hasi*

Katarrh *kamasi, baridi*
Katze *paka*
kauen *tafuna*
Kauf, Handel *biashara;* kaufen *nunua;* ~mann *mfanya biashara*
Kautschuk *mpira*
Kehle *suria, masuria*
Kehlkopf *kongomeo, makongomeo*
kehren *fagia*
Kehricht *takataka, matakataka;* ~haufen *chunguu*
Keil *msomari, misomari; kiwango*
keilen, fest~ *kaza kwa kabari*
Keim *mche, miche;* keimen *chipuka*
kein *hapana, hakuna;* ~ Mensch *hapana mtu*
Keller *gala chini ya nyumba*
kennen, wissen *jua;* ich kenne ihn sehr gut *namjua sana;* ich kenne ihn nur wenig *namjua kidogo*
Kenntnisse, Wissen *maarifa*
Kennzeichen *alama*
kentern *petua, petuka*
Kerbe *pengo, mapengo;* kerben *fanya pengo*
Kern *kiini, viini*
Kerze *mshumaa, mishumaa;* ~ auslöschen *zima mshumaa;* ~nhalter *kinara cha mshumaa*
Kessel *kanderinya, sufuria, masufuria; birika*
Kette *mnyororo, minyororo*
keuchen *tweta; kokota roho*
Keule *rungu, marungu*
Kiel *mkuku, mikuku*
Kiesel *kokoto, makoto*
Kind *mtoto, watoto; mwana, wana;* ~bett *uzazi;* ~heit *udogo, utoto;* mein ~ *mtoto wangu;* ~lein *kitoto*
Kinder|arbeit *kazi ya watoto;* ~bett *kitanda cha mtoto;* ~krankheit *marazi ya nyogea* (Rachitis); ~mädchen *yaya;* ~schuhe *viato vya watoto;* ~stuhl *kiti cha mtoto;* ~wagen *gari la mtoto;* kinderlos (er hat keine ~) *hana watoto*
Kinn *kidevu*
Kirche *kanisa, makanisa*
Kirchhof *makaburini, mahali pa kuzika*
Kissen *mto, mito;* ~überzug *mfuko wa mto*
Kiste *sanduku*
kitzeln *tekenya*
Klage, Anklage *shitaka;* Prozeß *daawa, madai*
klagen *kilio;* ver~ *shitaki;* Kläger *mshitaki*
Klammer *mbano, mibano*
Klang *sauti; mshindo; mlio*
Klapper (Musikinstrument) *tuwazi, matuwazi*
klappern *gongana*
klar *safi* (rein); *angafu* (hell); *wazi, zahiri* (offenbar); klar werden *elea;* ~ machen *eleza*
klatschen, in die Hände *piga makofi*
Klaue *ukucha, kucha*
kleben, klebrig sein *gandama, shikamana;* auf~ *bandika !*
Klecks *doa, madoa; waa, mawaa*
kleiden, sich *vaa;* Kleider tragen *vaa nguo*
Kleider, Kleidung *nguo, mavazi, mavao;* europäische ~ *nguo za kisungu;* arabische ~ *nguo za kiarabu;* ~ wechseln *badili nguo*
klein *-dogo, -fupi* (kurz)

Klein|geld *mapesa madogo;*
~handel *uchuuzi*
Kleister *gundi, uwanga*
klemmen *finya, songa, kamua*
klettern *panda*
Klima *hewa, tabia ya inchi*
Klinge *kengee*
Klingel *kengele*
klingen *lia*
Klippe, Korallenfels *genge, magenge*
klopfen *piga* (schlagen); an die Türe ~ *gota;* fortwährend auf etwas ~ *gonga;* Teppiche ~ *kunguta masulia*
Klosett *choo, vyoo*
Klotz *gogo, magogo*
Klugheit *akili*
Klumpen *tonge, matonge*
knacken *banja*
Knall *mlio, milio*
knallen *lia*
knapp *kidogo, haba*
kneifen *finya*
kneten *kanda*
Knie *goti, magoti;* ~scheibe *futi la mguu*
knien *piga goti, piga magoti*
Kniff, List *hila*
Knoblauch *saumu, kitunguu saumu*
Knöchel *kifundo, kiwiko*
Knochen *mfupa, mifupa*
Knopf *kifungo, vifungo;* ~loch *kitanzi cha kifungo*
Knospe *tumba la ua*
knoten *piga fundo*
Knoten *fundo, mafundo;* ~ aufmachen *fundua*
Knüppel *gongo, magongo*
knurren *guna*
Koch *mpishi, wapishi*
kochen *pika,* von Wasser *chemka*

Kochplatz, Herd *meko, mahali pa kupikia;* ~topf (irdener) *chungu, vyungu;* eiserner ~topf *sufuria, masufuria*
Köder *chambo, vyambo;* ködern *tia chambo*
Koffer *sanduku;* Reise~ *sandkuku la safari*
Kognak *konyaki, brendi*
Kohlen *makaa*
Kokos|faser *kumbi, makumbi;* ~palme *mnazi, minazi;* ~pflanzung *shamba la minazi*
Kokosnuß, reife *nazi, nazi;* mit trinkbarem Wasser *dafu, madafu;* ~öl *mafuta ya nazi;* ~schale *fuu la nazi*
Kommando *amri*
kommen *ku-ja;* ich komme *ninakuja;* ich komme nicht *siji;* komm! *njoo!* kommt! *njooni!*
Komorro-Insel *Angazija*
Kompanie *kompania*
Kompagnon *mshirika*
Kompaß *dira*
komplett *kamili*
Komplott *shauri moja, fitina*
König *mfalme, sultani*
können *weza;* wissen *jua;* erreichen *pata*
Konsul *balozi, mabalozi*
kontrollieren *angalia*
Konzert *ngoma ya musiki*
Kopf *kichwa, vichwa;* ~bedeckung *kofia;* ~kissen *mto, mito;* ~schmerzen *kichwa kinaniumia*
köpfen *kata kichwa*
Kopie *nakala, nakili*
Kopra *nazi kavu*
Koralle *marijani, fezaluku*
Korallenstein *tumbawe, matumbawe*

Koran *korani*
Korb *kikapu, vikapu*
Kordel *kamba, kitani*
Kork *kizibo, vizibo;* ~enzieher *sukru, sukrubu* (engl. screw)
Körnchen *chembe, kichembe*
Kornmehl *unga wa ngano*
Körper *mwili, miwili*
korpulent *-nene, mwenye tumbo*
korrekt *sawasawa*
korrespondieren *andikiana barua*
korrigieren *toa makosa, sahihisha*
Kosten *garama*
kosten, was kostet das? *shilingi ngapi hii? kiasi gani?* schmecken *onja;* was kostet das Ganze? (alles zusammen?) *kiasi gani kwa jumla?* wieviel kostet es stückweise? *kiasi gani mojamoja?*
Kot *mavi*
Kotelett *koteleti*
Krabbe *kaa, makaa*
Kraft *nguvu;* Gesundheit *afya;* er ist nicht bei guter ~ *hana nguvu;* ~ bekommen *pata nguvu;*
kräftig *-enyi nguvu;* ~er Mensch *mtu mwenyi nguvu;* ~ werden *pata nguvu;* ~ sein *ona nguvu*
Krähe *kunguru*
krähen *-wika*
Kragen (am Rock) *ukosi;* (am Hemd) (engl.) *kala*
Kralle *ucha, kucha*
Krämer *mchurizi wachurizi; bazazi, mabazazi*
Kran *duwara*
Kranich *korongo, makorongo*
krank sein, ich bin krank *mimi mgonjwa,* oder *siwezi*

Kranke *mgonjwa*
Krankenhaus *nyumba ya wagonjwa, hospitali*
kränken *uzi*
kratzen, sich *kuna*
Krätze *upele*
Kraut *majani* (Blätter); *mboga* (Gemüse)
Kräutermedizin *dawa ya mizizi* (Wurzeln); *jimbo la majani* (zum Einreiben)
Krebs *kamba*
Kredit, ~ nehmen *kopa;* ~ geben *kopesha;* ~ haben *aminiwa*
Kreide *chaki*
Kreis *duwara, mviringo;* sich im ~ drehen *sunguka duara*
kreuzen *bisha;* kreuzweise *kwa urefu na kwa upana*
Kreuzweg *njia panda*
kriechen *tambaa*
Krieg *vita*
Kriegs|beute *teka, mateka;* ~gefahr *hatari ya vita;* ~gefangener *mtu nyara;* ~nachrichten *habari za vita;* ~tanz, ~trommel *ngoma ya vita;* ~schiff *manowari* (engl.)
Kringel, zum Lasttragen *kata*
kritzeln *chora*
Krokodil *mamba;* ~haut *ngozi ya mamba;* hat es ~e im Fluß? *mna mamba mtoni?*
Kropf *tezi, matezi*
Kröte *chura, vyura*
krumm sein *penduka, potoka*
krümmen *pinda;* dieser Weg macht viele Krümmungen *njia hii inafanya matao mingi*
Krüppel *kilema*
Kruste (von Brot, Reis) *ukoko*
Kübel *pipa, mapipa*

Kuchen *mkate mzuri, keki*
Küche, Herd *jiko, meko;* meist *jikoni* (oder *mekoni*)
Küchen|geschirr *vyombo vya meko;* ~junge *mpishi mdogo; mpishi-boi, mtoto jikoni*
Kugel, Blei~ *risari*
kugelförmig *-a mviringo*
Kuh *ngombe, ngombe mke;* ~ melken *kama ngombe;* die ~ ist trächtig *ngombe ana mimba;* die ~ hat gekalbt *ngombe amezaa*
kühl *baridi*
kühn, verwegen *hodari, -kali*
Küken *kifaranga*
Kummer *uchungu, huzuni*
Kummet *koa la shingo*
Kümmel *bizari*
kümmern, sich um *angalia*
Kunde, Nachricht *habari;* ~ herbringen *leta habari;* ~ hinbringen *peleka habari;* schlechte ~ *habari mbaya;* gute ~ *habari mzuri*
Kupfer *shaba, nyekundu;* ~draht *uzi wa shaba;* ~geld *mapesa;* ~vitriol *mrututu*
Kürbis *mboga, maboga*
Kürbisflasche *dundu, madundu*
Kuppelung *klatchi;* ~sgehäuse *klatchkes*
Kurbelwelle *krenkishefti*
Kurs *sarfa*
kurz *-fupi;* Kürze *ufupi;* kürzer machen *fupiza* oder *fupisha*
kürzlich *siku hizi, juzi*
Kuß *busu;* küssen *busu*
Küste *mrima, pwani*
Küstengebiete *mrima, marima*
Kutscher *mtu wa gari; sais, masais*
Kuvert *bahsha*

L

lachen *cheka*
Lachen, Gelächter *cheko, macheko;* Lächeln *kicheko*
Laden *duka, maduka;* wo ist der ~? *duka liko wapi?* gehe in den Laden und hole Zündhölzer *enda dukani na nunua vibiriti!*
laden, verladen *pakia;* jemand ein~ *alika*
Ladenbesitzer *mwenyi duka*
Ladung *shehena*
Lage, Zustand *hali;* Platz *mahali*
Lager|platz *kambi, makambi;* ~ aufschlagen *panga kambi;* ~ suchen *tafuta kambi;* ~ wechseln *badili kambi;* ~ verlassen *acha kambi;* wo ist das ~? *kambi wapi?* ist das ~ nah? *kambi karibu?* ~, Schlafstätte *kitanda, vitanda*
Lähmung *kipooza*
Lamm *mtoto wa kondoo*
Lampe *taa;* ~ndocht *utambi;* ~ anzünden *washa taa;* ~ auslöschen *zima taa;* die ~ ist ausgegangen *taa imezimika;* ~ in die Höhe schrauben *chochea taa;* ~ herunterschrauben *shusha utambi*
Land *inchi, nchi;* Erde *arzi;* Fest~, inneres *barra;* ödes, unbebautes ~ *kame;* unfruchtbares ~ *inchi kavu;* unbewohntes ~ *inchi tupu;* auf dem ~ wohnen *kaa*

Landbewohner — **leiden**

shambani; ans ~ gehen *shuka pwani*
Land|bewohner *watu wa mashamba;* ~gut *shamba;* ~karte *rahamani;* ~schaft *inchi;* ~smann von mir *mtu wa kwetu;* von euch *mtu wa kwenu;* ~straße *barabara*
lang, hoch *-refu;* ~e Zeit *siku nyingi*
Langeweile *uchofi*
Länge *urefu*
Längenmaß *cheo, vyeo; kipimo, vipimo*
längs *kandokando ya*
langsam *polepole, taratibu*
längst *zamani*
Languste *kamba*
langweilen, stören *sumbua;* es ist mir langweilig *nina uchofi*
Lappen *kitambaa, vitambaa*
Lärm *kelele, uzia;* was für ein ~ ist da? *kelele gani huko?*
lärmen *piga kelele*
lassen *acha, wacha;* laß das! *wacha!*
Last *mzigo, mizigo;* ~ tragen *chukua mzigo;* ~ auf die Schulter nehmen *tia bagani;* ~ auf den Kopf legen *twika*
Lasten, zu meinen ~ *juu yangu*
Lastträger *mchukuzi, wachukuzi*
Laterne *fanusi, mafanusi; taa*
Latte *fito*
Laub *majani*
laufen *piga mbio, kwenda mbio, kwenda upesi*
Laune, schlechte *chuki*
Laus *chawa, chawa;* Hühner~ *utiri, utiri*
läuten *piga kengele*
lauwarm *vuguvugu; motomoto kidogo*

Leben *uzima, uhai, maisha, roho*
leben *ishi, kaa;* wo lebt er? *anakaa wapi?* allein ~ *kaa pekeyake;* zusammen~ *kaa pamoja;* er lebt *yu hai;* ~dig *-zima, mzima*
Lebens|alter *umri;* ~mittel *chakula, vyakula*
Leber *ini, maini*
lebewohl! *kwa heri!* lebt wohl! *kwa herini!*
Leck *tundu, matundu*
lecken *lamba;* undicht sein *vuja*
Leder *ngozi*
Leder|sachen *vitu vya ngozi;* ~schuh *kiatu cha ngozi; viatu vya ngozi;* ~tasche *mfuko wa ngozi*
leer *-tupu*
leeren *toa, ondoa*
legen *weka;* sich hin~ *lala;* in die Sonne ~ *weka juani;* auf die Seite ~ *weka upande;* lege dich hin *lala chini*
Lehm *udongo;* ~bau *nyumba ya udongo;* ~grube *simu la udongo*
Lehne *tegemeo, mategemeo*
lehnen, sich zurück~ *chegama*
Lehnstuhl *kiti cha enzi*
Lehre *mafundisho*
lehren *fundisha, somesha*
Lehrer *mwalimu, waalimu*
Lehrling *mwanafunzi, waanafunzi*
Leib, Körper *mwili, miwili;* Bauch *tumbo*
Leibriemen *mkanda*
Leiche *maiti*
leicht (von Gewicht) *-epesi, hafifu;* (bildlich) *rahisi*
Leiden *maumivu*
leiden, dulden *ona mchungu*

leihen, ent~ *kopa;* wieviele Schillinge hast du ihm geliehen? *umemkopesha shilingi ngapi?*
Leim *gundi*
Leine *mshipi, mishipi; kamba*
Leinen *kitani*
leise *polepole*
leiten *ongoa, peleka*
Leiter *ngazi*
Lende *kiungo;* ~ntuch *kikoi, vikoi*
Leopard *chui, chui;* ~enfalle *mtego wa chui;* ~enfell *ngozi ya chui*
Lepra *ukoma, buba*
lernen *soma, jifunza*
lesen *soma*
letzter *-a mwisho;* am letzten Tag des Monats *siku ya mwisho wa mwezi;* mein letztes Wort *mwisho wangu;* in den letzten Zügen liegen *fanya kwikwi*
leuchten *mulika;* jemand leuchten *mulikia;* ~, glänzen *ngara*
Leuchter *kinara, vinara*
Leuchtkäfer *kimetimeti*
Leuchtturm *mnara wa taa*
leugnen *kana*
Leute *watu;* wessen ~ seid ihr? *ninyi watu wa nani?*
Libelle *keringende, keringende*
Licht *taa* (Lampe), *mshumaa* (Kerze); *nuru* (Helligkeit); *mwanga* (Sonnenlicht); ~ anzünden *washa taa;* ~ auslöschen *zima taa*
Liebe *pendo, mapendo*
lieben *penda*
Liebenswürdigkeit *upole*
lieber *afazali*
Liebling *mpenzi, wapenzi*
Lied *wimbo, nyimbo;* Suahili~er *nyimbo za kiswahili;* ein ~ singen *imba wimbo*
Lieferfrist *muda wa kuleta*
liefern *leta, toa, ku-pa;* die Arbeit ist meine Sache, die Bretter muß er ~ *kazi juu yangu, mbau juu jake*
liegen *lala* (schlafen); *kaa* (bleiben, sein); auf dem Boden ~ *lala chini;* wo liegt das Haus? *nyumba iko wapi?*
Liegestuhl *kiti cha kulala*
Limonade *sherbeti*
lindern *tuliza*
Linie *mstari, mistari;* eine ~ ziehen *piga mstari*
links, linke Hand *kushoto, mkono wa kushoto;* ~händig *ana shoto*
Lippe *mdomo, midomo;* Ober~ *mdomo wa juu;* Unter~ *mdomo wa chini*
List *hila;* auf listige Weise *kwa hila*
Liste *daftari*
listig, schlau *-erevu, -a hila*
Liter *kibaba, vibaba*
Lob *sifa, utungo*
loben *sifu, tunga*
Loch *tundu, matundu; shimo, mashimo* (Grube); ein ~ machen *fanya tundu;* ein ~ verstopfen *ziba tundu*
locker machen *legeza*
Löffel *kijiko, vijiko*
Lohn, Monats~ *mshahara;* ~tag *siku ya kupata mshahara*
Lokomotive *gari la moshi, mashine*
los, was ist da ~? *kuna nini?*
Los werfen *piga kura*
losbinden *fungua*
löschen, aus~ *zima*

Löschpapier *karatasi ya kukaushia wino*
lose, schlaff *legefu*
Lösegeld *ukombosi*
lösen, aufbinden *fungua;* was angeklebt *gandua*
los|kaufen *komboa;* ~lassen *acha, wacha;* ~machen *fungua*
Lot, Senkblei *bildi, chuma;* loten tia bildi
löten *lehemu*
Lotse *rubani*
Lotterie *mchezo wa bahati*
Lötzinn *lihamu*
Löwe *simba;* männlicher ~ *simba dume;* weiblicher ~ *simba mke;* junger ~ *mtoto wa simba;* ~nkrallen *kucha za simba*
Luft *hewa*
lüften *anika nguo* (Kleider an die Luft hängen); *fungua dirisha* (Fenster öffnen)
Lüge *uwongo, urongo*
lügen *sema uwongo*
Lügner *mwongo;* du ~! *mwongo we!*
Lumpen *kitambaa*
Lunge *pafu, mapafu;* eines Tieres *yavuyavu, mayavuyavu*
Lust *haja;* ~ haben *taka, penda*
lustig sein *cheka; furahi*

M

machen *fanya* (tun); *tenda* (handeln); mach schnell *fanya upesi;* das macht nichts *haizuru;* was werden wir da ~? *tutafanyaje?* Arznei ~ *fanya dawa;* Lärm ~ *fanya kelele;* was machst du? *wafanya nini?*
Macht *uwezo, nguvu*
Madagaskar *Bukini;* Einwohner von ~ *Mbuki, Mabuki*
Mädchen, junges bis 7 Jahre *kigori, vigori;* von 7—15 Jahren *mwari, wari;* dann *mwanamke kijana, waanawake vijana, bibi*
Made *buu, mabuu; funza*
Magazin *gala, magala*
Magen *tumbo, matumbo;* ~leiden *ugonjwa wa tumbo*
mager *-embamba;* ~ werden *konda*
mahlen *saga*
Mahlzeit *chakula, vyakula;* wann nimmt man hier die ~ ein? *lini wanakula chakula hapa?*
Mähne *nyele za shingo*
Mais *muhindi* oder *mahindi;* ~bier *kangara;* ~brei *ugali wa mahindi;* ~feld *shamba la mahindi;* ~kolben *mahindi;* ~mehl *unga wa mahindi;* ~suppe *uji wa mahindi*
Makkaroni *tambi*
Makler *dalali, madalali*
Maler *mpaka rangi, mtia rangi*
man, z. B.: ~ sagt *watu wanasema, unasema*
manche *-ingine*
manchmal *mara kwa mara*
Mandarine, große *chenza, machenza;* kleine ~ *kangaja, makangaja*
Mangel *kosa, makosa*
mangeln, fehlen *pungua*

Mangobaum *mwembe, miembe;* Mangofrucht *embe, embe*
Mangrove *mkoko, mikoko*
Manguste *nguchiro, nguchiro*
Manier *desturi, desturi;* was ist das für eine ~ ? *desturi gani hii ?*
Manieren, gute ~ *adabu*
Maniok *mhogo, mihogo*
Mann *mume, waume* (Ehemann); ~ und Frau *ume na uke*
männlich (von Tieren) *dume, mume*
Mantel *koti;* Regen~ *koti ya mvua;* arabischer ~ *joho*
Märchen *hadisi, ngano*
Marder *kanu, makanu*
Mark *ubongo*
Marke, Zeichen *alama*
markieren *tia alama*
Markt, ~halle *soko, sokoni;* auf den ~ bringen *peleka sokoni;* wo ist der ~? *soko liko wapi?* dies ist der ~ *soko hili*
Marsch, Gang *mwendo, miendo*
marschieren *kwenda safiri*
Maschine *enjin; cherahani, vierahani; kinu, vinu;* Bohr~, Bagger~ *mashine yanayotoboa;* Dampf~ *enjini ya moshi;* ~ für Elektrizität *kinu cha stimu;* ~narbeit *kazi ya cherahani*
Masern *shuruwa*
massieren *kanda*
Maß *cheo, vyeo; kipimo, vipimo; kiasi, viasi;* ~ nehmen *pima, pima kiasi, pima cheo;* vgl. Maß und Gewicht S. 31; ~stab *cheo, kipimo*
Mast *mlingoti, milingoti*
mästen *nonesha*
Matratze *godoro, magodoro*

Matte *mkeka, mikeka*
Mauer *ukuta, kuta*
mauern *aka, waka*
Maul *domo, madomo*
Maulbeerbaum *mforsadi;* Maulbeere *forsadi*
Maultier *nyumbu, bagala*
Maurer *mwashi, ma waashi;* ~kelle *mwiko, miiko*
Maus *panya, panya; mdogo, midogo*
Mechaniker *mekenik*
Medizin *dawa, dawa;* ~ geben *ku-pa dawa;* ~ in Wasser auflösen *bambika dawa katika maji;* ~ von Europa *dawa ya kizungu;* ~ nach Eingeborenenart *dawa ya kishenzi;* ~ zum Abführen *dawa ya kuhara;* ~ zum Stopfen *dawa ya kufunga choo;* gib mir! ~ *nipe dawa!* willst du ~ haben? *wataka dawa?* komm, ich werde dir ~ geben! *njoo, nitakupa dawa!* gib mir ~, damit ich schwitze! *nipe dawa nipate jasho!*
Meer *bahari*
Mehl *unga;* Mais~ *unga wa mahidni;* Hirse~ *unga wa mtama;* Weizen~ *unga wa ngano;* Sägemehl *unga wa msumeno, unga wa mbau*
mehr *zaidi;* ~ als *saidi ya*
mehrere *mbili tatu*
meiden *ambaa*
Meineid *yamini ya uwongo*
meinen *sadiki, ona*
Meinung, Ansicht *shauri;* ~, Bedeutung *maana;* meiner ~ nach *kwa akili yangu*
Meißel *tindo, matindo; patasi, mapatasi; juba, majuba*

meißeln *kata kwa juba*
meist *mara nyingi; mno*
Meister *fundi, mafundi*
melden *leta habari*
melken *kama maziwa*
Menge *wingi;* Volks~ *umati wa watu;* ~ Leute *jeshi la watu, watu wengi*
mengen, mischen *changanya*
Mensch *mtu, watu; mwanadamu*
Menschenfresser *mla watu, wala watu*
Menstruation *damu hezi*
merken *ona, ngamua*
Merkmal *alama*
messen *pima;* miß die Länge und Breite! *pima urefu an upana!*
Messer *kisu, visu;* Brot~ *kisu cha kukatia mkate;* mit dem ~ schneiden *kata kwa kisu;* ~ schleifen *noa kisu;* reinige das! ~ *safisha kisu!* bringe ein anderes ~! *lete kisu kingine*
Messing *shaba nyeupe;* ~draht *uzi wa shaba nyekundu*
Meßband *cheo, vyeo, kipimo, vipimo*
Metall *chenezo, vyenezo*
Meter *meter*
Meuterei *maasi, fitina*
meutern *fanya fitina*
miauen *fanya nyaunyau*
Miete *kodi, kodi; mpango, mipango;* wieviel beträgt die ~? *kodi kiasi gani?*
mieten *panga;* Haus ~ *panga nyumba*
Milch *maziwa;* ~kanne *dumu la maziwa*
mild *taratibu*
Militär *askari*

Million *milioni, laki kumi*
Milz *waziri, mawaziri*
Minister *waziri, mawaziri*
Minute *dakika*
mischen *changanya*
missen *kosa*
Missionar *padri, mapadri, mtu wa kanisa*
mißachten *zarau*
mißbrauchen *tumia vybaya*
mißgestalt *kilema*
mißlingen *kosa*
mißtrauen *onea mashaka*
Mißtrauen *mashaka*
mißverstehen *kosa kufahamu*
Mist *samadi, mavi*
misten *tia samadi*
mit *na* (Begleitung); ~ wem? *na nani? kwa* (Mittel, Werkzeug); ~ der Axt *kwa shoka, pamojana* (zusammen)
mit|bringen *leta, chukua;* ~führen *chukua;* ~gehen *fuatana na, kwenda na;* ~teilen *leta habari* (hierhin), *peleka habari* (dorthin)
Mitgift, Morgengabe (welche die Frau vom Manne erhält) *mahari; jeuno* oder *jezwa* (Mitgift der Eltern an die junge Frau); *vitu* (Geldgeschenke des Bräutigams an die junge Frau)
Mitleid *rehemu*
Mittag *saa sita ya mchana*
Mittagessen *chakula cha mchana*
Mitte, in der ~ *katikati;* in der ~ durchschneiden *kata kati*
Mittel, Arznei~ *dawa;* Abführ~ *dawa ya choo, dawa ya kuhara;* Brech~ *dawa ya kutapita;* Fieber~ *dawa ya homa;* Stopf~ *dawa ya kufunga choo*

Mittelpunkt *kati*
mitten in *kati ya*
Mitternacht *nusu ya usiku*
mittlerweile *wakati huu*
Mittwoch *juma ya tano*
mitunter *mara kwa mara*
Mixed Pickles *achali*
Möbel *pambo la nyumba*
möblieren, Haus *pamba nyumba*
Mode *desturi*
modern *-pya* (neu); ~e Kleider *nguo mpya, nguo kisasa*
mögen, gern haben *pendana*
möglich, vielleicht *labda;* mach' so schnell als ~! *fanya upesi uwezavyo!*
Mombasa *Mombasa, Mvita*
Monat *mwezi, miezi;* monatlich *kila mwezi*
Monats|lohn *mshahara, mishahara;* ~ vereinbaren *patana mshahara;* ~ bezahlen *lipa mshahara;* vom ~ abziehen *kata mshahara;* der ~ ist sehr gering *mshahara huu mdogo sana*
Mond *mwezi*
Montag *juma tatu*
Morast *matope*
Mord *uuwaji*
morden *ua, chinja* (schlachten); gemordet werden *uawa*
Mörder *mwenyi kuua*
Morgen *asubuhi;* von 4—6 Uhr *alfajiri*
morgen *kesho;* ~ früh *kesho usubuhi*
Morgendämmerung *alfajiri*
Mörtel, Kalk *chokaa*
Moschee *meskiti*
Moskito *mbuu*
Moskitonetz *chandarua, vyandarua;* ~ festmachen *funga chandarua;* ~ herunterlassen *susha chandarua;* ~ hochziehen *pandisha chandarua;* ~ waschen *fua chandarua;* wo ist das ~? *chandarua iko wapi?*
Motor *motor, motori*
Mücke *usubi*
müde werden *choka;* ich bin ~ *nimechoka*
Mühe *taabu, juhudi* (Eifer), *bidii;* sich ~ geben *fanya bidii*
Mühle *kinu;* Getreide~ *kinu cha kusagia unga;* Zucker~ *kinu cha kushindikia miwa;* Kaffee~ *kinu cha kusagia buni;* Hand~ *kinu cha mkono*
Mulde *chano, vyano*
Müller *msaga unga*
Mund *kinwa, mdomo*
münden in *ingia*
mündig *balehi*
mündlich *kwa kinywa*
Mündung eines Gewehrs *mdomo wa bunduki;* (eines Flusses) *mlango wa mto*
Munition *zana za vita, munishn*
murren *nuna*
Muschel *kombo, konokono*
Musik *ngoma, musiki;* ~instrument *kinanda, vinanda*
Muskatnuß *kungumanga*
Muskel *mshipa, mishipa*
müssen, es ist nötig *lazima;* ich muß *sherti; juu yangu;* du mußt *juu yako* etc.; ich muß gehen *sherti kwenda*
Muße *faraga*
müßig gehen *tangatanga*
Muster *namna; mtindo, kielezo*
mustern *kagua*
Musterung *ukaguzi*
Mut *ukali;* er hat ~ *ana moyo;* ~ fassen *pigaa moyo*

Mutter *mama;* ~sprache *maneno ya kikwetu;* ~tier *koo, makoo*

Mütze *kofia;* weiße ~ *kofia nyeupe;* rote ~ (Fez) *kofia nyekundu*

N

Nabel *kitovu, vitovu*
nach, hinter *nyuma ya;* ~ mir *nyuma yangu*
nach und nach *polepole, halafu*
nachahmen *iga*
Nachahmung *mwigo, miwigo*
Nachbar *jirani, majirani*
nachdem *baada ya;* ~ ich angekommen war *baada ya kufika kwangu*
nachdenken *waza, fikiri*
nachfolgen *fuata, kwenda nyuma*
nachher *halafu*
Nachkommenschaft *kizazi, uzazi*
nachlässiger Mensch *mwivu*
Nachlässigkeit *uvivu*
Nachlaß *mali iliyoachwa*
nachmachen *fanya sawasawa*
Nachmittag *alasiri*
Nachricht *habari, habari; majibu, maneno;* ~ bekommen *pata majibu;* ~ geben *pa habari;* ~ verbreiten *tangaza habari;* falsche ~ *habari za uwongo*
nachschicken *peleka nyuma ya*
nachsehen *tazama, angalia, kagua*
nachsenden *tuma*
Nachsicht, mit *kwa upole*
nachsprechen *sema tena*
Nächste, der *wa pili;* das nächste Mal *mara ya pili*
nächstens *bado kidogo*
Nacht *usiku;* bei ~ *katika usiku;* die ganze ~ hindurch *usiku kucha;* es ist ~ geworden *kumekuchwa usiku;* Tag und ~ *usiku na mchana;* ~hemd *nguo ya kulala*
Nachteil *hasara*
Nacken *kisogo, visogo*
nackt *-tupu*
Nadel *shindano, shindano;* Steck~ *kisomari, visomari*
Nagel, eiserner *msomari, misomari;* Finger~ *ukucha wa kidole;* Zehen~ *ukucha wa mguu;* schlage einen ~ hier ein *piga msumari hapa*
nagen *guguna, tafuna*
nahe *karibu, si mbali;* ~bei *karibu na*
nähen *shona;* Kleider ~ *shona nguo;* kannst du ~? *wajua kushona?*
näherbringen *karibisha*
nähern, sich *karibia*
Nähmaschine *cherhani ya kushonea*
Nahrung *chakula, vyakula;* Verpflegung *posho*
Naht *mshono*
nähren *lisha*
Name *jina, majina;* wie ist dein ~? *jina lako nani? jina lako?* ~ aufschreiben *andika jina*
nämlich *maana, yaani*
Napf *bakuli, mabakuli*
Narbe *kovu, makovu*
Nase *pua, pua;* ~nloch *tundu ya pua;* ~nschmuck *kipini*

Nashorn *kifaru, kifaru;* Horn des ~ *pusa, mapusa*
naß, feucht *kimajimaji; chepechepe*
naß werden *pata mvua, pata maji*
Nation, Volk *taifa, mataifa*
Natur, Charakter *tabia*
Nebel *kungugu;* es ist heute nebelig *leo kungugu*
neben *kando ya*
necken *chokoza*
Neffe *mpwa, wapwa*
Neger *mtu mweusi, watu weusi*
Negerkorn *mtama;* ~kost| *chakula cha watu weussi*
nehmen *shika* (fassen), *chukua* (tragen); in die Hand ~ *shika kwa mkono*
Neid, Eifersucht *wivu*
neigen, sich *inama*
nein *sio, siyo, hakuna, hapana*
Nelke *garafu*
nennen, erwähnen *taja, sema*
Nerv *mshipa, mishipa*
Nest *tundu, matundu*
Netz *wavu, nyavu*
neu *-pya, mpya, -ingine;* neues Kleid *nguo mpya*
Neues, was gibt's ~ ? *habari gani ?* ich weiß nichts ~ *sina habari*
Neuigkeit *habari*
Neujahrstag *siku ya mwaka*
neulich *siku hizi*
nicht *si*
Nichte *mpwa, wapwa*
nichts *si kitu, hapana kitu;* ich habe ~ *sina kitu;* ~ weiter *hapana neno tena*
niederknien *piga magoti*
niederkommen, gebären *zaa*
niederlassen, sich *keti, kaa, kaa kitako;* willst du dich hier ~? *wataka kuketi hapa?*

Niederlassung *makazi ya watu, mji mpya*
niederlegen, auf den Boden *weka chini;* Last ~ *tua mizigo;* sich ~ *lala chini;* Arbeit ~ *toka kazini, acha kazi;* deponieren *weka ma amana*
niederreißen *vunja, bomoa*
niederschlagen, Augen *inama macho*
niedersetzen, legen *tua;* sich ~ *kaa kitako*
niederwerfen *tupa chini*
niedrig *-dogo, si-refu*
niemals *siyo kabisa*
niemand *hapana mtu*
Niere *figo, mafigo*
noch, ~ nicht *bado;* er schläft ~ *bado analala;* ist er angekommen ? ~ nicht *bado*
nochmals *tena, mara ya pili*
Norden *kaskasi;* auch Nordwind
Notdurft *haja choo, vyoo;* ~ verrichten *kwenda chooni*
nötigen, zwingen *fanya nguvu; tia nguvu*
notieren *andika*
notwendig, es ist ~ *lazima, haina budi, yapasa*
Nudel *tambi*
Null *sifuri*
Nummer *namba, nambari*
numerieren *tia namba, tia alama*
nun *sasa*
nur *basi, tu;* ~ (nachstehend), ich habe ~ einen Schilling *nina shillingi moja basi*
Nutzen *fayda, manufaa*
nützen *faa;* es nützt nichts *haifai;* es nützt gar nichts *haifai kabisa*
Nyanza-See *bahari ya Nyanza*
Nyassa-See *bahari ya Nyassa*

O

ob *kama*
oben *juu;* bis ~ *mpaka juu;* von ~ *kwa juu*
Oberfläche *upande wa juu*
oberhalb von *juu ya*
Obst *matunda;* ~baum *mti la matunda;* ~garten *kiunga, viunga*
Ochse *ngombe dume*
oder *ao, ama*
offen *wazi;* hier ist ein ~er Platz *hapa pawazi*
Offizier *mkuu wa askari*
öffentlich *mbele ya watu*
öffnen *fungua;* Zugedecktes ~ *funua;* von Körperteilen ~ *funua;* weit ~ *tanua;* Fenster ~ *fungua dirisha*
Öffnung *tundu, matundu; mlango, nafasi* (Raum)
oft *mara nyingi*
ohne *pasipo, bila*
ohnmächtig werden *zimia, roho*
Ohr *shikio, mashikio;* ~löcher stechen *toga;* ~ring *pete ya shikio*
ohrfeigen *piga kofi*
Öl *mafuta;* ~flasche *chupa ya mafuta;* ~nuß *chikichi, machikichi;* ~palme *mchikichi, michikichi;* Erdnuß~ *mafuta ya karanga;* Kokosnuß~ *mafuta ya nazi;* Lampen~ *mafuta ya taa;* Maschinen~ *mafuta ya laini;* Oliven~ halzeti, *mafuta ya zeituni;* Rhizinus~ *mafuta ya mbarika;* Palm~ *mawese;* Schmier~ *mafuta ya kupaka;* das ~ ist zu Ende *mafuta yamekwisha;* reibe mit ~ ein *paka mafuta*
ölen *tia mafuta*
Omelette *kimanda, andazi la mayai*
Onkel *mjomba*
Opfer, Almosen *sadaka;* opfern *toa sadaka*
Opium *bangi*
Orden *nishani*
ordentlich *vema, sawasawa*
Order *amri*
ordnen, in Reihe stellen *panga, tengeneza*
Ort *mahali, pahali, mji*
Ortsansässiger *mwenyeji, wenyeji*
Ortsvorsteher *jumbe, majumbe*
Öse *kitako, vitako;* Nadel~ *kitako cha sindano*
Osten *mashariki*
oval *namna mayai*
Ozean *bahari*

P

Paar *jozi, jozi;* ein ~ Schuhe *jozi moja ya viatu*
Pacht *kodi;* ~zins *kodi, mpango;* pachten *panga*
Pack, Paket *kisanduku, robota;* packen, Lasten *funga mizigo, fanya mizigo*
Palast *jumba, majumba*
Palm|blatt, ~zweig *kuti, makuti;* ~wein *tembo*
Pantoffel *koshi, makoshi; viatu vidogo*
Papayenbaum *mpapayi*
Papier *karatasi;* Brief~ *kara-*

tasi za barua; ~geld *karatasi ya feza, nots;* ~korb *kikapu cha karatasi*
Parade *mcheso wa askari*
Paragraph *milango, beti, fungu*
Parfüm *manukato, mufata mazuri*
Paß *cheti, vyeti;* Reise~ *cheti cha safari*
Passagier *abiria, maabiria*
passen, passend sein *faa, enda wema;* es paßt *inafaa;* es paßt sich nicht *haifai* oder *si sawasawa*
Patrone *risasi, risasi*
Pause, Ruhe *kituo*
Pech, Teer *lami*
Perle *lulu;* Perlmuschel *kombe ya lulu*
Perlhuhn *kanga, kanga*
Personenwagen *gari la watu*
Pest *kipindupindu*
Petroleum *mafuta ualya, petrol;* ~kiste *debe, madebe*
Pfad *njia, njia*
Pfahl *kigwingwi, sikingi*
Pfand *rahani*
pfänden *kamata mali*
Pfau *tausi*
Pfeffer, schwarzer *pilipili;* roter *pilipili roho*
Pfeife *firimbi, firimbi;* Tabak~ *kiko, viko*
pfeifen *piga uruzi;* mit der Pfeife ~ *piga firimbi*
Pfeil *mshale, mishale*
Pfeiler *nguzo, nguzo*
Pfeilwurz *uwanga*
Pferd *farasi, farasi;* ~estall *banda la farasi*
Pflanze *mti, miti;* Blumen~ *mti ya maua*
pflanzen *panda*
Pflanzung *shamba, ma shamba;* ~ anlegen *fanya shamba;* ~ bestellen *lima shamba*
Pflanzzeit *wakati wa kupanda*
Pflaster *plaster, dawa ya kubandika*
pflastern *tia mawe*
Pflege *uguzi*
pflegen, es ist seine Gewohnheit *desturi yake,* oder „*hu*" vor Verbalstamm, z.B. *husema,* er pflegt zu sagen
Pflicht *wajibu*
pflücken *chuma*
Pflug *jembe (ya kulima)*
pflügen *lima*
Pfropfen *kizibo, vizibo*
Pfund *ratili;* engl. Pfund *pauni*
Pfütze *tope, matope*
Photograph *mpiga picha*
photographieren *piga picha*
Pickel *upele*
picken *dona*
Pille *kidonge, vidonge*
Pilz *yoga mayoga*
Pinsel *burashi ndogo*
Pistole *bastola*
plagen, quälen *sumbua, chokoza*
Plan *shauri;* Absicht *maksudi;* Karte *ramani*
Planke *ubau, mbau*
Plantage *shamba, mashamba*
plätten *piga pasi*
Plätteisen *pasi, mapasi*
Platz *mahali, pahali;* ~ machen *ondoka, pita;* mach' ~ *simile*
platzen *pasuka*
plaudern *ongea*
Plombe *risasi*
plötzlich *mara, gafula*
Pocken *ndui*
Polizei *Polis;* ~soldat *askari*
Portion *fungu, mafungu*

Porto *garama ya posta*
Post|amt *posta, nyumba ya posta;* ~bote *mtu wa posta;* ~schalter *dirisha la posta*
predigen *hutubu;* Predigt *hutuba*
Preis *bei, kiasi;* ~ erhöhen *pandisha bei;* ~ herabsetzen *punguza bei;* welcher ~ ? wie teuer ? *bei gani ?, kiasi gani ?*
preiswürdig *rahisi*
prellen *danganya*
Presse *'kinu, vinu*
pressen *kamua*
Probe, Versuch *jaribu, majaribu;* Muster *namna;* probieren *jaribu*
Produkt *zao, mazao;* Ernte *vuno, mavuno;* Summe *jumla*

Profit *faida*
Prophet *mtume, mitume*
Proviant *vyakula, makuli*
Prozent, 5% *mia kwa tano*
Prozeß *kesi*
prüfen *jaribu;* kosten *onja;* überlegen *fikiri;* nachsehen *angalia, taszama*
Prügel *fimbo;* ~ bekommen *pata fimbo*
prügeln *piga;* sich ~ *pigana*
publizieren *eneza, tangaza*
Pudding *maandasi*
Puls *mshipa;* ~ fühlen *kanda mshipa baruti*
Pulver, Mehl *unga*
Pumpe *bomba, kisima*
pumpen, Wasser *piga bomba*
Punkt *nokta, kituo*
putzen *safisha*

Q

Qual *taabu*
quälen *sumbua, chokosa*
Qualität *namna, ginsi*
Qualm *moshi*
Quaste *shada, mashada*
Quecksilber *sebaki*

Quell|e *jicho la maji;* chem-chem; ~wasser *maji la chem-chem*
quer im Wege liegen *kingama*
Quetschung *vilio la damu*
quittieren *andika jina*

R

Rabe *kunguru, kunguru*
Rache *kisasi, visasi;* s. rächen *twa kisasi*
Rad *gurundumu, magurundumu*
radieren *futa*
Rakete *machezo wa kurusha moto*
Rackett (Tennis) *ubao wa kuchezea tufe*
Rand *ukingo, kingo*
rasch *upesi, hima*

rasieren *nyoa;* Bart ~ *nyoa ndefu;* Kopf ~ *nyoa kichwa*
Rasier|messer *wembe, nyembe;* ~pinsel *burashi ya kupakia sabuni*
Raspel *tupa, matupa*
rasten *pumuzika*
Rat *shauri, mashauri;* ~ halten *fanya shauri;* um ~ fragen *uliza shauri;* ~geben *pa shauri;* ~ befolgen *fuata shauri*

Rate *fungu, mafungu*
Ration *posho*
ratsam, es ist ~ *heri, afazali*
Rätsel *kitendawili, vitendawili*
Ratte *panya, panya;* große ~ *buku*
rauben *iba, nyanganya*
Rauch *moshi*
rauchen *vuta, tumbako;* (Kamin) *toa moshi*
räuchern *fukiza*
rauh *gumu*
Raum, Zimmer *chumba, vyumba;* ~, Platz *mahali;* ~, Zeit, Gelegenheit *nafasi;* es ist ~ genug hier *nafasi tele hapa;* wir haben keinen ~ *hatuna nafasi hapa*
räumen, aus dem Wege *ondoa, ondosha*
Raupe *kiwavi, viwavi*
Rausch *kileo;* er hat einen ~ *kileo kimeoata* (oder) *amelewa*
Rebhuhn *kwale, kwale*
rechnen *hesabu, fanya hesabu*
Rechnung *hesabu;* mache die Rechnung *fanya hesabu;* ~ bezahlen *lipa hesabu;* auf die ~ setzen *tia katika hesabu;* sich in der ~ irren *kosa katika hesabu;* das geht auf meine ~ *hii juu yangu;* auf deine ~ *juu yako*
Recht *haki;* zu seinem ~ kommen *pata haki yake;* ~mäßig *-a haki*
rechts, rechte Hand *mkono wa kulia, mkono wa kuume*
Rechts|anwalt *mwana sheria, mwalimu wa sheria, mdai;* ~pflege *sheria, hokumu*
Rede halten *toa maneno*
reden *nena*
Regel, Vorschrift *kaida*

Regen *mvua, mvua;* ~bogen *upindi wa mvua;* ~messer *kipimo cha mvua;* ~schirm *mwavuli, miavuli;* ~wasser *maji ya mvua;* ~wolke *wingo la mvua, mavingo la mvua;* ~wurm *daa, daa;* ~zeit *masika, wakati wa kifuku, wakati wa mvua, siku za mvua;* es sieht nach ~ aus *mvua karibu;* es hat kein ~ *hakuna mvua;* vom ~ naß werden *patwa na mvua;* es regnet *mvua inakunya*
regieren *twala, hokumu, miliki*
Regierung *serkali*
Register *daftari*
reiben, abreiben *sugua*
reich *tajiri;* reicher Mensch *mtu mwenyi mali; tajiri, matajiri*
reichen, hingeben *kupa;* ~, genügen *tosha*
Reichtum *mali, utajiri*
reif *bifu;* ~ werden *ivakwiva*
Reifen, für Auto *mpira*
Reihe *safu, safu;* ~, Linie *mstari, mistari* in ~ setzen *panga safu;* Schlange stehen *piga mstari;* die ~ ist an mir *juu yangu;* es ist an dir *juu yako* etc. vgl. Grammatik, S. 27
Reiher *korongo, uani, goli*
Reim *kina, vina;* reimen *tia vina*
rein *safi*
reinigen *safisha, fanya safi;* abreiben *sugua;* die Schuhe ~ *safisa viatu;* die Kleider ~ *safisha, nguo;* sauber ~ *safisha safi kabisa*
Reis *upunga* (auf dem Halm), *mchele* (enthülst), *wali* (gekocht)

Reise *safari, safari;* mwendo, miendo; ~anzug *ngoo ya safari;* ~geld *feza ya safari;* ~gepäck *sanduku ya sa safari;* pl. *masanduku;* ~paß *cheti cha safari;* ~schachtel *lindo la kuweka kila kitu ndani;* ~schilderung *habari ya safari;* ~tasche *mfuko wa safari;* ~vorrat *chakula cha safari;* ~ziel *mwisho wa safari;* die ~ geht los! *haya safari!* ich habe eine ~ vor *nina safari;* sich zur ~ rüsten *funga safari;* auf eine ~ gehen *kwenda safari*
reiten *panda farasi*
reizen, necken *chokoa*
reklamieren *dai*
Religion *dini*
rennen *piga mbio*
Rente, Miete *kodi*
reparieren *tengeneza*
Respekt *heshimo*
Rest *baki, mabaki*
retten *opoa, vuta*
Rettich *figili, mafigili*
Rhinozeros *kifaru, vifaru*
richten, Recht sprechen *amua, kokumu*
Richter, Europäer *jaji;* Mohammedaner *kadhi;* allgemein *hakimu*
richtig *kweli*
Richtung *upande, njia;* nach welcher ~ liegt Nairobi? *upande gani Nairobi?*
riechen, duften *nuka*
Riegel *pingo, mapingo*
Riemen *mshipi, mishipi*
Riese *jitu, majitu*
Rind *ngombe;* ~fleisch *nyama ya ngombe*
Rinde *ganda, maganda*

Ring *pete, pete;* Ohr~ *pete ya sikio*
Ringwurm *choa, vyoa*
rinnen *vuja*
Rippe *ubavu, mbavu*
riskieren *hatirisha*
Riß *ufa, nyufa*
ritzen, tätowieren *chanja chale*
Rizinusöl *mafuta ya mnonyo*
Rock *koti*
roden *kata mwitu*
roh *-bichi*
Rohr, Schilf *unyasi*
Röhre, Bambus~ *mwanzi, mianzi;* ~ für Wasser *fereji*
rollen, wälzen *fingirisha*
Rost *kutu;* rosten *fanya kutu, ingia kutu*
rösten *choma*
rot *-ekundu*
Rotstift *kalamu nyekundu*
Rücken *mgongo, migongo*
rückgängig machen *batilisha*
Rück|kehr *marejeo;* ~marsch *safari ya kurudi*
Ruder *kasia, makasia*
rudern *vuta makasia*
rufen *ita*
Rufname *jina la kwitwa*
Ruhe *raha;* Ruhe! *kelele!;* in ~ lassen *acha*
ruhen *pumuzika*
ruhig *taratibu, polepole* (langsam)
Ruhm *sifa;* sich rühmen *jisifu*
Rührei *mayayi ya kukaanga*
rühren, umrühren *koroga*
Rumpf *mwili*
rund *-a kiviringo;* es ist ~ *ni kama pete*
Runzel *finyo, mafinyo*
rupfen *ngoa*
Rupie *rupia* = Geld

Ruß *kaa la moshi*
Rüssel eines Elefanten, *mkongo, mikonga*
rüsten, sich, *jifunga*
rutschen, ausrutschen, *teleza*
Rute *ufito, fito*

S

Saatkorn *mbegu, mbegu*
Säbel *upanga, panga*
Sache *kitu, vitu; neno, maneno; jambo, majambo; kisa, visa; shauri, mashauri; habari, habari;* eine ~ zum Abschluß bringen *kata maneno;* in die ~ einwilligen *kubali maneno;* das ist meine ~, nicht deine *hii habari yangu si habari yako;* gut, die ~ ist erledigt *basi, maneno yamekwisha;* kennst du diese ~ genau? *wajua sana habari hii?;* es ist meine ~ *juu yangu;* es ist deine ~ *juu yako;* etc. vgl. Grammatik, S. 27
Sack *gunia, magunia; mfuko, mifuko;* ~ öffnen *fungua mfuko;* Säcke schließen *funga magunia*
säen *panda*
Saft *maji;* ~, Soße *mchuzi*
Säge *msumeno, misumeno;* die ~ ist nicht scharf *msumeno si kali;* ~mehl *unga wa mbau*
sagen *ambia;* ~, sprechen *sema;* ~, reden *nena*
sägen *kata kwa msumeno*
Salat *mboga ya machani mabichi, salati*
Salbe *dawa ya kupaka*
salben, einsalben *paka*
Salz *chumvi;* salzen *tia chumvi;* ~faß *kikombe cha chumvi;* ~wasser *maji ya chumvi;*
Samen *mbegu, mbegu;* was ist das für ~? *mbegu gani hii?*

sammeln, versammeln *kusanya*
Samstag *chuma mosi*
Sand *mchanga;* ~floh *funza, funza*
Sänger *mwimbaji*
Sarg *sanduku ya maiti*
satt haben, etwas *choka;* ~ werden *shiba*
Sattel *tandiko, matandiko;* ~decke *blanketi ya tandiko;* ~gurt *ukanda wa tandiko*
satteln *tandika*
Sau *nguruwe mke*
sauber *safi, takatifu*
Sauce *mchuzi;* ~napf *bakuli la mchuzi*
sauer *-chungu* (bitter), *kama siki* (wie Essig)
Sauerteig *chachu*
saufen *ku-nywa*
saugen *nyonya*
säugen *nyonyesha*
Säugling *mtoto mchanga*
Säule *nguzo, nguzo*
Saum *upindo, pindo;* ~ machen, säumen *shona pindo*
säumen, zu spät kommen, *chelewa*
Säure, Bitterkeit *uchungu*
Savanne *pori, buga*
schaben, kratzen *kuna*
Schachtel *bueta, mabueta*
Schaden *hasara;* ~ zufügen *tia hasara*
Schädel *fuu la kichwa*
schädlich *-baya*
Schaf *kondoo, kondoo*
schaffen, bilden *umba*

Schaffleisch *nyama ya kondoo*
Schaft *mti: kipini, vipini*
Schakal *mbwa wa mwitu, bweha, mabewha*
Schale, Schüssel *bakuli, mabakuli*
schälen *menya;* Kartoffeln ~ *menya viazi;* Rinde ~ *toa maganda;* Kokosnüsse ~ *fua nazi*
Schalter *dirisha*
schämen, sich *ona haya*
Schande *aibu, haya*
Schar, Herde *kundi, makundi*
scharf *-kali*
schärfen *noa;* das Messer ~ *noa kisu*
scharren *pekua*
Schatten *vuli, mavuli*
schauen, *tazama*
Schaufel *jembe, majembe*
Schaum *povu*
Schere, *makasi, makasi*
Scheibe, (zum Schießen) *shabaha;* Fenster~ *kioo, vyoo;* auf die ~ *piga shabaha*
Scheide *ala, nyala*
scheiden, Ehe *tangua ndoa, acha mke*
Scheidung *talaka*
Schein *cheti, vyeti*
scheinen, Sonne, Mond *anga;* es scheint mir *naona*
Schelle *kengele;* schellen *piga kengele*
Schelm, Gauner *mjanja, majanja*
Schenkel *paja, mapaja*
schenken *ku-pa zawadi, toa bakshishi*
Scherz *ubishi, mbishi;* scherzen *fanya mchezo*
scheuern *sugua*
Scheune *gala, magala*

Schicken, (hierher) *leta;* (weg-~) *peleka;* es schickt sich *yafaa;* es schickt sich nicht *haifai*
schieben *sukuma*
Schießen *piga bunduki*
Schiff *chombo, vyombo, dau, madau*
Schild *ngao, ngao*
Schildkröte *kasa, kasa;* Land~ *koba, koba*
Schilf *unyasi, nyasi*
schimpfen *tukana*
Schinken *nyama ulaya, hem*
Schirm *mwavuli, miavuli*
schlachten *chinja*
Schlaf *usingizi*
schlafen *lala*
schlaff *-legefu*
Schlafkrankheit *malale;* ~pulver *dawa ya usingizi*
Schlag *pigo, mapigo*
schlagen *piga;* ~, hämmern *gota;* Bäume~, fällen *piga miti*
Schlägerei *mapigano*
Schlamm *tope, matope*
Schlange *nyoka, nyoka;* große ~ *joka, majoka;* ich bin von einer ~ gebissen worden *nimeumwa na nyoka*
schlanker Mensch *mtu nyembamba*
schlau *-erevu;* schlauer Mensch, *mtu mwerevu*
Schlauch, für Wasser *kiriba, viriba*
schlecht *-baya, -bovu,* (verdorben) Adv. *vibaya;* ~ riechen *nuka vibaya;* ~ machen *fanya vibaya*
schleichen *nyata*
Schleier *ukaya*
Schleife, Schlinge *kitanzi, vitanzi*

schleifen *noa*
Schleim, der Nase *kamasi*, Husten~ *kohowo*
schleppen *kokota*
Schleuder *kombeo*
schlichten, Streit *patanisha*
schließen *funga;* Türe ~ *funga mlango;* Flasche ~ *ziba chupa;* ~ von Körperteilen *fumba;* Augen ~ *fumba macho*
schlimm *-baya*, adv. *vibaya*
Schlinge *tanzi, matanzi, tego, mitego*
Schloß, eisernes *kitasa, vitasai* hölzernes, *komeo, makomeo;* Vorlegeschloß *kufuli, makufuli*
Schluck *funda, mafunda*
schlucken *meza*
schlüpfrig *ina utelezi*
Schluß *mwisho*
Schlüssel *ufunguo, funguo;* wo ist der ~ ? *ufunguo wapi?* da ist der ~ *huu ufunguo*
schmal *-embamba*
schmecken, probieren *onja*
schmeicheln *bembeleza*
schmelzen *yayua*
Schmerz *uchungu;* ~ empfinden *ona uchungu;* ~ verursachen *umia*
Schmetterling *kipepeo, vipepeo*
Schmied *mfua chuma*
schmieden *fua chuma*
schmieren *chora*
schmoren *kaanga*
Schmuck *uzuri, pambo, mapambo*
schmücken *pamba*
Schmuggel *upenyezi*
schmuggeln *kwiba ushuru*
Schmutz *uchafu;* ~, Sumpf *tope, matope;* ~, Flecken *doa, madoa;* ~ zusammenfegen *zoa matakataka*
schmutzig *chafu*
Schnabel *mdomo, midomo*
Schnalle, *kifungo, vifungo*
schnallen *funga*
Schnaps *mvinyo;* ~flasche *chupa ya mvinyo*
schnappen *daka*
schnarchen *fanya kishindo*
Schnauze *mdomo, midomo*
Schnecke *koa, makoa;* *konokono, makonokono*
schneiden *kata;* in kleine Stücke ~ *katakata*
Schneider *mshoni (mashoni) nguo*
schnell *upesi, hima, haya, chapchap*
Schnelligkeit *haraka*
schneuzen, sich *futa kamasi*
Schnitt, Einschnitt *kato, makato;* ~, Stammesabzeichen *uchale, chale;* ~ Brot, Stück Brot *kipande cha mkate*
schnitzen *nakishi, chonga*
schnupfen *nusa tumbako*
Schnur *uzi, nyuzi;* schnüren *funga*
Schnurrbart *ndavu za mwomo*
schon, lange *tangu zamani*
schön *-zuri;* ~, gut, adv. *vema, vizuri, basi;* das ist ~ von dir *vema kwako;* das war nicht ~ von dir *si vizuri kwako;* es ist ~ draußen *kuzuri nje;* sich ~ machen *fanya uzuri*
schöpfen, Wasser *teka maji*
Schramme *mtai, mitai*
Schrank *kabatima, kabati*
Schraube *skru*
Schraubstock *jiriwa, majiriwa*
Schreck *kituko, hofu*

Schrei *ukelele; mlio, milio;* ~ ausstoßen *toa sauti*
schreiben *andika;* ~ an *andika kwa;* einander ~ *andikiana;* Briefe ~ *andika barua;* schön ~ *andika vizuri;* was soll ich ~? *niandike nini?*
Schreiber *mwandishi*
Schreib|heft *daftari;* ~pult *dawati;* ~zeug *wino,* (Tinte), (Bleistift *kalamu),* ~tisch *meza ya kuandika*
schreien *lia, piga kelele* (lärmen)
Schreiner *sermala, masermala*
schreiten *kwenda, kwenda polepole*
Schriftstück *hatti*
Schritt *hatua, hatua;* lange ~e machen *fanya hatua ndefu;* ~ für ~ *mguu mmojamoja, polepole, taratibu*
schröpfen *umika, tia chuku*
Schublade *mtoto wa meza*
Schuh *kiatu, viatu;* bring diese ~e zum Schuhmacher *peleka viatu hivi kwa mshoni;* ~sohlen *shona ngozi chini;* ~ nageln *pigilia viatu misumari*
Schuld *deni;* ~bezahlen *lipa deni;* ~en machen *fanya deni*
Schuldner *mdeni, mwenyi kudaiwa*
Schuld|schein *hati ya deni;* ~summe *feza ya kudai*
Schule *shule, skul;* zur ~ schicken *tia skul;* in die ~ gehen *kwenda skul;* aus der ~ kommen *toka skul*
Schüler *mwanafunzi, wanafunzi*
Schulter *bega, mabega*

Schuppe, Stall *banda, mabanda*
schüren, Feuer *chochea*
Schuß *kipigo cha bunduki*
Schüssel *bakuli, mabakuli, kombe, makombe*
Schuster *mshoni viatu*
Schüttelfrost *fukuto*
schütteln *tingisha*
Schutz *tegemeo*
schützen *linda, tunza*
schwach, er ist ~ *hana nguvu*
Schwager *zemegi*
Schwalbe *kiramba mvua, viramba mvua*
schwammig *kama joya*
schwanger, sie ist ~ *ana mimba;* Schwangerschaft *mimba*
Schwanz, Schweif *mkia, mikia*
schwarz *-eusi*
schwatzen *sema upusi*
schweig still! *nyamaza!, kelele!*
Schwein *nguruwe, nguruwe;* männliches ~ *nguruwe ndume;* Sau *ngruwe mke;* Ferkel *mtoto wa ngruwe;* ~efett *mafuta ya ngruwe;* ~efleisch *nyama ya ngruwe;* Wild~ *ngruwe wa mwitu*
Schweiß *jasho*

schwenken *pepea*
schwer *-zito*
Schwert *upanga, panga*
Schwester *ndugu mwanamke*
Schwieger|eltern *wakwe;* ~sohn *mkwe;* ~vater, ~mutter *mkwe, wakwe*
schwierig *shida -gumu, -zito;* ein ~er Mensch *mtu ya matata;* es ist ~ zu bekommen *shida kupatikana;* ~e Arbeit *kazi ngumu;* ~keiten *taabu, mashaka, matata;* ~

haben *ona matata;* ona *taabu;* ~ bereiten *fanya matata*
schwimmen *kogelea;* (von Gegenständen) *elea*
schwindlig, ich fühle mich ~ *nina kizunguzungu*
schwinden *pungua*
Schwindler *mjanja, majanja*
schwingen *punga*
schwitzen *fanya jasho;* ich schwitze *nina jasho*
schwören *apa*
Schwur *jamini*
See, Meer *bahari*
Seele *roho, nafsi*
Seemann *baharia, mabaharia*
Segel *tanga, matanga;* ~ hissen *tweka tanga;* ~ streichen *tua tanga;* ~schiff *chombo, vyombo*
segeln *kwenda kwa tanga*
sehen *ona*
Sehne *mshipa, mishipa*
sehr *sana*
Seide *hariri*
Seide *hariri;* ~nstoffe *nguo hariri*
Seife *sabuni, sabuni*
seihen *chuja*
Seil *kamba, kamba;* ~er *mskota kamba*
sein *ku-wa;* vgl. Grammatik, S. 21
seit *tangu, toka*
Seite, Richtung *upande;* rechte ~ *upande wa kuume;* linke ~ *upande kwa kushoto;* auf allen ~n *pande zote;* ~ an ~ *kandokando ya;* ~, Rippe *ubavu, mbavu;* ~, Blatt Papier *ukurasa*
seitwärts *kando*
Sekretär *karani, karani*

Sekt *chempen*
selbst *mwenyewe;* ich ~ *mimi mwenyewe*
selten *shida*
senden *peleka, tuma*
Senf *haradali*
Senkblei *timazi, matimazi;* ~recht *wima, kwa urefu*
servieren *andika chakula, sayidia meza, fanya kazi mezani*
Serviette *kitambaa, vitambaa*
Sesamöl *mafuta ya uto*
setzen, sich *kaa kitako;* ~, legen *weka;* ~, von Stoffen (in Flüssigkeiten) *tuama*
Seuche *ugonjwa mwingi*
seufzen *shusha pumusi*
Sichel *mundu, miundu*
sicher, gewiß *kweli*
sichtbar werden *onekana*
sie *yeye,* beim Zeitwort *a,* pl. *wa;* ~ hat gesagt *yeye amesema*
Sie (in der Anrede) *wewe,* beim Zeitwort „*u*" verstärkt durch *wewe;* sehen ~ den Mann ? *wewe unaona (waona) mtu ?*
Sieb *chujo, machujo, kunguto, makunguto*
sieden *chmka*
Siegel *muhuri, chapa*
Sieger *mshindaji*
Signal *alama, alama*
Silber *feza;* ~geschirr *vyombo vya feza*
singen *imba;* ein Lied ~ *imba wimbo;* der Vogel singt *ndege analia*
sinken *zama, tota*
Sinn, Bedeutung *maana*
Sippe, Stamm *kina, utani;* ~, Familie *jamaa*

Sirup *asali ya miwa*
Sisal *mkonge, makonge;* ~ zubereitet *kitani*
Sitte *desturi, dasturi, mila, ada;* unsere heimatlichen ~n *desturi za kwetu;* frühere ~n *desturi za zamani;* es ist nicht ~ bei ihnen *si dasturi kwao*
Sitz, Stuhl *kiti, viti*
sitzen *kaa, kaa kitako*
Skelett *mifupa*
Sklave *mtumva, matumva;* Sklaverei *utumva*
Skorpion *nge, nge*
so *hivi*
sobald *mara;* sobald du es machst *mara ukifanya*
Soda *magadi;* ~wasser *maji ya soda*
soeben, sofort *sasa hivi*
sogar *hata*
Sohn *mtoto mume; bin*
Sold *msharara*
Soldat *askari, askari*
sondern *ila*
Sonne *jua;* die ~ ist heiß heute *jua kali leo;* die ~ geht auf *jua linatoka;* die ~ geht unter *jua linakuchwa;* in der ~ *juani;* an der ~ trocknen *anika juani;* in die ~ legen *weka juani;* er hat einen Sonnenstich *amepatwa na jua*
Sonntag *juma a pili*
Sorge *hamu, huzuni*
Sorghum *mtama, matama*
Sorte *namna*
sortieren *chagua, weka mbalimbali*
Soße *chuzi*
Soundso *fulani*
Spalte, Riß *ufa, nyufa*

spalten *pasua*
spannen *tanda*
sparen *weka akiba*
Spargel *mboga ya nyoka*
Spaß *mchezo, michezo*
Spaten *jembe*
spät, wie ~ ist es? *saa ngapi sasa?*, vgl. S. 31–33
später *halafu*
spazieren *tembea, kwenda tembea*
Speck *mafuta ya gruwe*
Speer *mkuki, mikuki*
Speichel *mate*
Speicher *gala, gala*
speien *tema mate;* erbrechen *tapika*
Speise *chakula, vyakula*
sperren *pingo*
Spiegel *kioo, vyoo*
Spiel *chezo, machezo;* ~en *cheza*
Spinat *mchicha*
Spinne *buibui, buibui;* Spinngewebe *tando la buibui;* ~n *sokota uzi*
spitz *-embamba;* ~ machen *chonga*
Splitter *kibanzi, vibanzi*
Sprache *maneno, luga,* (Sprachwissenschaft); Swahili-Sprache *maneno ya kisuwaheli;* meine Mutter~ *maneno ya kikwetu;* außerdem durch Vorsilbe *ki-*, vgl. S. 15
sprechen, mit jemandem *sema na mtu;* zu jemandem ~ *ambia;* ich will mit ihm ~ *nina shauri naye*
spreizen *panua*
sprengen, zerstören *vunja;* ~, spalten *pasua;* mit Pulver ~ *pasua kwa baruti*
Sprichwort *mfano wa maneno (mifano)*

springen *ruka*
Spritze *bomba*
Sprung, Riß *ufa, nyufa*
spucken *tia mate*
spülen, abspülen *osha*
Spur, Fährte *uwayo, nyayo;* Anzeichen *alama*
spüren, fühlen *ona*
Staat, *serkali*
Stachel *mwiba, miba (wa nyuki)* (der Biene); ~schwein *nungu, manungu*
Stadt *mji, miji;* in die ~ gehen *kwenda mjini, tauni* (engl. town); aus der ~ ausziehen *hama mjini*
Stahl *pua;* ~feder *kalamu ya shaba*
Stall *banda, mabanda*
Stamm *kabila;* ~esabzeichen *alama za kabila*
stampfen, (Boden) *pigilia*
Stange *fito, mti*
stark, dick *-nene*
Stärke *nguvu*
Station *stesheni*
Staub *vumbi, mavumbi;* ~ abwischen *pangusa vumbi*
staunen *taajabu*
stechen *choma*
stecken bleiben *kwama*
Stecknadel *kisomari, visomari*
stehen, ~ bleiben *simama*
stehlen *iba;* jemanden be~ *ibia*
steif *-gumu*
Steig|bügel *kikuku cha kupanda farasi;* ~en *panda*
Stein *jiwe, mawe;* ~ brechen *vunja mawe;* ~ einer Frucht *kokwa, makokwa;* ~chen, Kiesel *kokoto, makokoto*
Stell|e, Platz *mahali, pahali;* ~en, aufrichten *simamisha;* in Reihe ~ *panga;* ~, legen *weka;* ~vertreter *wakili, mawakili*
Stemmeisen *patasi, mapatasi*
Stempel *chapa, machapa;* *alama;* ~n *piga chapa*
Stengel *bua, mabua*
Steppe *bori*
sterben *ku-fa, fariki;* durch Gift ~ *kwa sumu;* vor Hunger ~ *kufa njaa*
Stern *nyota, nyota*
stets *siku zote*
Steuer, Zoll *kodi;* ~n, (ein Boot) *shika sukani*
Stiefel *kiatu, viatu*
Stief|mutter *mama wa kambo;* ~vater *baba wa kambo*
Stiel *kipini, vipini*
Stier *ngombe ndume*
still da! *kelele!;* ~schweigen *nyamaza;* ~stehen *simama*
Stimme *sauti, ukelele;* ~n, es stimmt *ni sahihi*
stinken *nuka vibaya*
Stirn *paji la uso*
stochern *chocha*
Stock *fimbo, fimbo*
Stoffe *nguo*
Stolz *kiburi*
stopfen, zustopfen *ziba, tililia uzi*
Stöpsel *kizibo, vizibo*
Storch *korongo, makorongo*
stören *sumbua, uzia*
störrisch *kaidi*
stoßen, schieben *sukuma*
Straf|e *adabu, adabu;* ~en *kupa adabu*
Strand *pwani*
Straße *njia, njia;* Land~ *njia kuu, barabara*
Strauß, Vogel *buni;* Blumen~ *shada la maua*

Strecke 91 **Teakholz**

Streck|e *mwendo, miendo;* ~en *nyosha*
Streichholz *kibiriti, vibiriti*
Streit *ugomvi;* ~en *gomba teta*
streng *-kali*
Strick *kamba, makamba;* ~en *fuma, suka*
Stroh *majani makavu;* ~dach *paa, mapaa*
Strom *jito, majito*
Strümpfe *soks, stoks*
Stube *chumba, vyumba*
Stück *kipande, vipande;* ~ Brot *kipande cha mkate*
Stuhl *kiti, viti*
Stuhl *kiti, viti;* ~gang *choo;* ~ haben *pata choo;* keinen ~ haben *funga choo;* ich habe starken ~ *nahara sana*
Stummer *bubu, mabubu*
stumpf *-butu, si kali;* ~es Messer *kisu kibutu, kisu si kali*

Stunde *saa, saa*
Sturm *zaruba*
Stütze *nguzo, nguzo;* ~n, sich *egemea*
subtrahieren *toa, punguza, kata*
suchen *tafuta*
Süden *kusi, kusini*
Sultan *sultani, masultani*
Summ|e *jumla;* ~ieren *jumlisha;* ~en *vuma*
Sumpf *tope, matope;* ~land *inchi ya matope*
Sünde *zambi;* sündigen *kosa, fanya sambi*
Suppe, (der Eingeborenen) *uji;* ~ (der Europäer) *supu;* Reis~ *uji wa mchele;* Mais~ *uji wa mahindi;* Kartoffel~ *supu ya viazi;* ~nschüssel *bakuli la supu, bakuli la uji*
süß *-tamu;* ~igkeiten *matamu*
Syphilis *tego, sekeneko*

T

Tabak *tumbako;* ~rauchen *futa tumbako;* ~pfeife *kiko, viko*
Tadel *gombezo, magombezo; kemeo, makemeo;* ~n *kemea, geombeza*
Tag *siku, siku;* den ganzen ~ über *mchana kutwa;* von ~ zu ~ *siku kwa siku;* es wird ~ *kunakucha;* täglich *kila siku;* ~ süber *katika mchana*
Tal *bonde, bondeni*
Tanz *ngoma, ngoma; mchezo, michezo;* ~en *cheza*
tapfer *hodari*
Tasche *mfuko, mifuko;* ~tuch *leso, maleso*
Tasse *kikombe, vikombe*
Tat *kitendo, vitendo;* ~sächlich *kweli*

Tatze *mguu, miguu*
tätowieren *chanja chale*
Tau, Seil *kamba, makamba;* Morgen- und Abendtau *ukungu*
taub, Tauber *kiziwi, viziwi*
Taube *njiwa, njiwa;* Haus~ *njiwa manga;* Turtel~ *hua, mahua;* Papagei ~ *ninga, ninga*
tauchen *piga mbizi*
taugen *faa;* es taugt *inafaa, yafaa;* es taugt nichts *haifai*
tauschen *badili*
täuschen *danganya*
Tausend *elfu;* ~fuß *jongoo, majongoo*
Taxe *kiasi, garama, kodi*
Teakholz *msaji*

Tee *chai;* ~ machen *fanya chai, pika chai;* ~ trinken *ku-nywa chai;* ~löffel *kijiko, vijiko*
Teer *lami;* ~en *paka lami*
Teich *ziwa la maji*
Teig *unga ulitowa maji;* ~ machen *kanda unga*
Teil *kipande, vipande; fungu mafungu, sehemu, sehemu;* ~en *gawa, gawanya;* ~haber *mshirika, mashirika;* ~s, ...~s *nusu* ... *nusu;* ~ung *gawio, magawio*
Telegramm *simu ya kuandika; telegram;* ~ bekommen *pata simu;* ~gebühr *garama ya simu*
Telegraph *simu, telegrafu;* ~ieren *piga simu*
Telephon *telefoni, simu ya kusema;* ~ieren *piga simu*
Teller *sahani, sahani;* ~ waschen *osha sahani*
Teppich *zulia, mazulia*
Termin *muda*
Termite *mchwa, michwa;* ~nhügel *chuguu*
Teufel *shetani, mashetani*
Thermometer *kipimo, vipimo cha jua* (Sonne); *kipimo cha homa* (Fieber)
Tiefe, tief *urefu wa chini*
Tier *nyama*
Tinte *wino*
Tisch *meza, meza;* zu ~ gehen *kwenda kula;* ~tuch *kitambaa cha meza*
Tochter *mtoto mwanamke, binti*
Tod *kufa, maiti;* ~esanzeige *tanzia*
Tomate *nyanya, nyanya*
Ton, Stimme *sauti, sauti;* ~, Schrei~ *mlio, milio*
Ton, Lehm *udongo;* ~gefäß *gudulia, magudulia*
Tonne *pipa, mapipa;* (Gewichtsbezeichnung) *tani*
tönen *lia*
Topf, irdener *chungu, vyungu;* metallener ~ *sufuria masufuria;* Wasser~ *mtungi, mitungi*
Töpfer *mfinyangi, mafinyangi*
Tor *lango, malango*
töten *ua*
traben *kewnda mbio*
tragen *chukua;* auf der Schulter ~ *pagaa;* Kind auf dem Rücken ~ *beba mtoto;* Früchte ~ *zaa*
träge *-vuvu*
Träger, Karawanen~ *mpagazi, wapagazi;* ~last *mzigo, mizigo*
Träne *chozi, machozi*
transportieren *chukua*
Traube, Rosine *sabibu*
trauen, vertrauen *amini*
Trauer *msiba;* trauern *kaa matanga*
Traum *ndoto, ndoto;* träumen *ota*
traurig sein *sikitika*
treffen *kuta;* ~, schießen *piga, pata*
treiben *ongoza;* Vieh hüten *chunga ngomba;* ~, jagen *saka nyama*
trennen *acha;* sich von einander ~ *achana*
Treppe *ngazi, ngazi*
treten, auf etwas ~ *kanyaga*
treu, zuverlässig *amini*
trink|en *ku-nywa;* ~geld *bakshishi;* er hat mir kein ~geld gegeben *hakunipa bakshishi;* gib ihm ein ~geld *mpe bak-*

shishi; ~glas *bilauri, bilauri;*
~wasser *maji ya kunywa*
tritt näher *karibu*
trocken *-kavu;* ~ sein *kauka;*
~ machen *kausha*
trocknen, an der Sonne *anika ju-ani*
Trockenheit *ukavu*
Trommel *ngoma, ngoma*
Trompete *tarumbeta;* ~ blasen *piga tarumbeta*
Tropenhelm *kofia kubwa*
Tropfen *tone, matone*
trotzen *fanya ukaidi*
trübe (vom Wetter) *vunde-vunde*
trunken sein *lewa;* Trunkenbold *mlevi, walevi*
Trupp *kundi, makundi*
Truthahn *bata mzinga*
Tuch *nguo, nguo, kitambaa, vitambaa* (Lappen); Hand~ *kitambaa cha kupangusia mikono;* Staub~ *kitambaa cha kupangusia*
tüchtig *hodari*
tun *fanya, tenda* (handeln); ich habe zu ~ *nina kazi;* ich habe nichts mit ihm zu ~ *sina shauri naye*
Turban *kilemba, vilemba*
Turm *mnara, minara*
turnen *cheza*
Tür *mlango, milango;* ~angel *pata, mapata;* ~riegel *komeo, makomeo, pingo, mapingo;* ~schlüssel *unfunguo wa mlango;* ~schwelle *kizingiti, vizingiti;* an die ~ klopfen *gonga mlango;* öffne die ~ *fungua mlango;* schließe die ~ *funga mlango;* schließe die ~ mit einem Vorlegeschloß *funga mlango kwa kofuli*

U

üben *jaribu*
über *juu ya;* hänge das Bild ~ den Tisch *tungika picha juu ya meza;* ~ ein Jahr *saidi ya mwaka moja*
überall *popote, kila pahali*
überbleiben *baki*
überbringen *peleka*
überdecken *ikiza*
überein|kommen *agana, patana;* ~stimmen *kubaliana*
über|fahren, ~setzen *vuka*
überfallen, angreifen *shambulia*
überfließen *toka nje*
übergeben, jemandem *ku-pa, pelekea;* sich ~, erbrechen *tapika*
überhaupt *kabisa*
überlassen *achia*
überlegen *fikiri, waza*
überlisten *danganya*
überraschen *fumania*
überschreiten *vuka*
überschwemmen *enea*
übersetzen, Fluß *vuka;* Buch *fasiri*
über|steigen, ~treffen, mehr sein *pita, shinda*
überwinden *shinda*
überziehen *tanda*
üblich, das ist ~ *ni desturi*
Ufer *ngambo, pwani;* dieses ~ *ngambo hii;* gegenüberliegende ~ *ngambo ya pili*
Uhr *saa, saa;* Taschen~ *saa*

ya mkono; ~macher *fundi wa saa;* wieviel ~ ist es? *saa ngapi?;* die ~ geht vor *saa inakwenda mbele;* die ~ geht nach *saa inakawia;* die ~ steht still *saa imesimamia;* ~ aufziehen *tia ufunguo saa*
umändern *geuza, badili;* ändere meine Anzüge um *badili nguo zangu*
umarmen *kumbatia*
umdrehen *pendua*
umfallen *anguka*
Umfang *unene, kivimba;* ~ eines Baumes *kivimba cha mti*
umfassen, mit den Händen *fumbata*
Umgebung, Nachbarschaft *ujirani*
umgraben *lima*
umhängen *vaa*
umkehren *rudi, rudi nyuma* (umwenden)
umkleiden, sich *badili nguo*
umkommen *ku-fa, potea* (verloren gehen); *haribika* (verderben)
umrühren (Speisen) *koroga*
Umschlag *kitambaa;* Kuvert *bahsha*
umschlagen *pindua, pinduka*
umsichtiger Mensch *mtu taratibu*
umsonst *bure, bilashi*
Umstand *jambo, mambo; neno, maneno;* mach keine Umstände *usifanye manenomengi;* er macht viel Umstände *ana mambo mengi;* unter diesen Umständen *kama ni hayo*
umstürzen *petua*

Umweg *njia ya mbali*
Umzäunung *boma, maboma*
umziehen *hama;* sich ~ *badili nguo;* wann wirst du ~? *utahama lini?*
unartig *-baya, -tundu*
unaufhörlich *moja kwa moja*
unbebautes Land *bara tupu*
unbekannt, das ist mir ~ *sijui, sina habari*
Unbekannter *mgeni, wageni*
unbrauchbar, es ist ~ *haifai*
und *na;* ~ nicht *wala* (mit verneintem Verb); ~ so weiter, ~ so fort *na nyingine tena*
undankbar, er ist ~ *hana shukrani*
undicht sein *vuja*
uneheliches Kind *mtoto wa haramu*
uneinig sein *gombana*
unentgeltlich *bure, bilashi*
unentschlossen sein *tangatanga*
Unfall *shani;* es ist ihm ein ~ zugestoßen *amepatwa na shani*
unfruchtbar (von Mensch) *si mzazi;* (von Tier) *tasa, matasa;* (von Boden) *-kavu*
ungebildeter Mensch *mshenzi, washenzi*
ungefährlich, es ist *haina hatari*
ungerecht *jeuri;* es ist ~ *haina haki*
ungern *kwa uchungu*
ungesalzen *haina chumvi*
ungesund *baya kwa afya*
ungewöhnlich *si desturi*
Ungeziefer *wadudu*
Ungläubiger *kafiri, makafiri*
Unglück *bahati mbaya*
ungültig *haina gnuvu;* ~ erklären *batilisha*

unhöflicher Mensch *mtu asiya adabu*
Uniform *nguo za serkali, nguo za askari*
Unkosten *garama*
Unkraut *majani, magugu;* ~ jäten *ngoa magugu*
unnütz *haina fayida;* adv. *bure*
Unordnung *fujo, mafujo*
Unrat *takataka, matakataka*
Unrecht *zulumu;* ~ tun *kosa;* jemandem ~ zufügen *tendea vibaya*
unreif, jung *-bichi*
unrein *-chafu, si safi*
Unruhe *uzia, gazia*
unschuldig sein, er ist ~ *hana kosa*
Unsinn *upuzi*
untauglich sein, er ist ~ *hana nguvu*
unten *chini*
unterhalb *chini ya*
unterbringen *weka*
unterdessen *wakati huu*
unter|gehen, der Sonne *kuchwa;* die Sonne ist ~gegangen *jua limekuchwa;* ~, versinken *zama*
unterhalten, sich *zungumza*
unterhandeln *fanya shauri, fanya maneno*
Unterhandlung *shauri, mashauri;* ~ abbrechen *kata maneno*

Unterhemd *fulana*
Unterholz *magugu*
Unterhose *suruali ya ndani, suruali ndogo*
Unterkunft *makazi*
unterlassen *toa, acha*
unterliegen *shindwa, pigwa*
Unterredung *mazungumuzo*
Unterricht *mafundisho;* unterrichten *fundisha, somesha*
unterscheiden *pambanua,* Unterschied *tofauti*
unterschreiben *tia mkono wake, andika jina, tia alama*
Unterstützung *msada*
untersuchen *tazama, angalia*
unvermeidlich *bila budi*
unwahr *uwongo, si kweli*
unwissender Mensch *mpumbavu, mjinga*
unzivilisiert *-a kishenzi;* ~e Gebräuche *dasturi za kishenzi;* ~er Mensch *mshenzi, washenzi*
Unzucht treiben *zini*
Urin *mkojo;* urinieren *kojoa*
Urlaub *ruhsa;* um ~ bitten *taka ruhsa;* ~ verweigern *kataa ruhusa*
Ursprung *mwanzo, asili*
Urteil *hokumu;* urteilen *hokumu*

V

Vase *kikombe, vikombe;* Blumen~ *kikombe cha maua*
Vater *baba, baba mzazi*
Ventilator *duwara, duwara*
verabschieden, sich *aga, sema kwa heri*

verachten *zarau*
Veranda *baraza*
verändern *geuza, badili*
veranstalten *fanya, tengeneza*
verantwortlich sein, ich bin ~ *juu yangu;* er ist nicht ~

si juu yake; ~ machen *lazimisha*
Verband (anlegen) *(funga) kitambaa*
verbergen *ficha* sich ~ *jificha*
verbessern *toa makoso;* besser mchen *fanya vema zayidi*
verbieten *kataza*
verbinden *funga*
Verbot *katazo, makatazo;* es ist verboten *imekatazwa*
verbrauchen *tumia*
verbrechen *kosa, halifu;* Verbrecher *muhalifu, makosa*
verbreiten, Nachricht *eneza habari*
verbrennen *choma moto, unguza*
verdächtigen, jemanden *singizia, tuhumu*
verderben, zerstören *haribu;* von selbst ~ *oza*
verdienen *pata faida;* Verdienst *faida; mshahara* (Lohn); Verdienst haben *pata faida*
verdorren *kauka*
vereinbaren *patana, agana*
Vereinbarung *mapatano*
vereinigen *unga, ungana;* ~, versöhnen *patanisha*
verfallen, Frist ist ~ *muda umepita*
verfälschen *changanya*
verfaulen *oza*
verfehlen *kosa;* Weg ~ *kosa njia*
Verfügung *amri*
vergeben *samehe*
vergeblich *bure*
Vergehen *kosa, makosa*
vergessen *sahau*
vergiften, jemanden *ku-pa sumu;* (von Gegenständen) *tia sumu*
Vergleich *mapatano;* Beispiel *mfano, mifano*

vergnügen, sich *cheza;* er ist vergnügt *anaona furaha*
verhaften *kamata, funga*
verhandeln *fanya shauri, fanya maneno*
Verhandlung *shauri, mashauri*
verheimlichen *ficha*
verheiraten *oza*
verhindern *zuia, ziwia*
verhungern *ku-fa kwa njaa*
verjagen *fukuza*
verirren, sich *potea, potea njia*
verkälten *pata baridi*
verkaufen *uza*
verklagen *shitaki*
verkündigen *tangaza habari*
verkürzen *fupisha*
verlangen *taka*
verlängern *ongeza kwa urefu*
verletzen, sich *umia;* jemanden ~ *umiza*
verleumden *singizia*
Verlobter, Verlobte *mchumba, wachumba*
verloren gehen *potea*
Verlust *hasara';* ~ erleiden *pata hasara*
vermehren *ongeza*
vermeiden *epa*
vermengen, vermischen *changanya*
vermieten *pangisha*
vermindern, sich *pungua*
Vermögen *mali, utajiri;* ~, Können *uweza*
vermögender Mensch *mtu wa mali; tajiri, matajiri*
verneinen *kana, kataa* (verweigern)
vernichten *haribu, vunja;* vernichtet sein *haribika*
Vernunft *akili;* vernünftiger Mensch *mtu wa akili*
veröffentlichen *tangaza, eneza*

Verordnung *hokumu*
verpachten *pangisha, kodisha*
verpacken *funga pamoja*
verpfänden *weka rahani*
verpflegen *kupa chakula*
verpflichten *lazimisha*
verputzen, ein Haus mit Lehm
 kandika nyumba
verraten *danganya*
verreisen *safiri*
verrückt, er ist ~ *ana wazimu*
Vers *beti*
Versehen *kosa, makosa*
versammeln *kusanya*
versäumen, zu spät kommen
 kawia; ~, vergessen *sahau*
verscheuchen *fukuza*
verschieden *mbalimbali;* ~artig *vingine*
verschließen *funga;* ~ mit Riegel *komea*
verschnaufen *pumuzika*
verschwenden *poteza mali*
verschwinden *tokomea, ondoka*
verschwören, sich *fanya fitina, fanya shauri mbaya pamoja*
versenken *zamisha;* versinken *zama*
versetzen, verpfänden *weka rahani*
versichern, behaupten *sema kweli, sema hakika;* ~ gegen Verlust *tia katika bima;* Versicherungsgesellschaft *shirka wa bima*
versöhnen *patanisha;* sich ~ *patana*
verspäten, sich *chelewa, kawia;* verspäte dich nicht! *usichelewe!* ich werde mich nicht ~ *sitachelewa;* warum hast du dich verspätet? *sababu gani umechelewa?*

versprechen *ahidi, kupa ahidi*
Verstand *akili;* Verständnis *ufahamu;* ~ verlieren *potea akili;* er hat den ~ verloren *akili imempotea;* er hat viel ~ *yeye mtu wa akili nyingi;* er hat keinen ~ *hana akili;* verständlich machen *sikilizana, fahamisha*
Verständigung *mapatano*
verstauchen *tegua*
Versteck *ficho, maficho*
verstecken, sich *ficha*
verstehen *sikia, fahamu, jua;* einander ~ *sikilizana;* verstehst du? *unasikia? wasikia? wafahamu?;* ich verstehe nicht *sifahamu;* hast du verstanden? *umesikia? umefahamu?;* ich habe nicht verstanden *sikusikia, sikufahamu;* verstehst du Kiswahili? *unajua K?*
versteigern *usa kwa mnada;* Versteigerung *mnada, minada*
verstopfen *ziba;* Verstopfung haben *funga choo*
Verstorbene *marehemu, hayati*
verstreuen *tawanya*
Versuch *majaribu;* ~ machen, versuchen *jaribu*
vertauschen *badili;* du hast meine Hose vertauscht *umebadilisha suruali zangu*
verteidigen *linda;* vor Gericht ~ *tetea, saydia*
verteilen *gawa, gawanya,* zu gleichen Teilen ~ *gawanya sawasawa*
verteuern *galisha, panisha bei*
vertilgen *ondosha*
Vertrag *mapatano mkataba;* ~ aufsetzen *andika mkataba;*

~ schließen *fanya mkataba;*
~surkunde *hati ya mkataba;*
Squatter~ *bulu*
vertrauen, auf jemanden *amini, tumanini*
vertreiben *fukuza*
vertreten *wakili;* vor Gericht ~ *simamia katika hokumu (sheria);* Vertreter, Advokat *wakili, mawakili*
vertrocknen *kauka*
verunreinigen *chafua, tia chafu*
verurteilen *hokumu;* zum Tode verurteilt werden *hokumiwa kuuawa;* zu Gefängnis verurteilt werden *hokumiwa kufungwa*
vervollständigen *maliza*
verwalten, beaufsichtigen *simamia;* Verwalter, Geschäftsführer *karani*
Verwandte *ndugu, jamaa*
verwechseln *badili*
verweigern *kataa*
verweilen *kaa, shinda*
verwelken *kauka, fifia*
verwenden *tumia*
Verwirrung *matata, fujo, mafujo*
verwunden *umiza*
verwüsten *haribu vunja*
verzeihen *samehe;* verzeihe mir! *nisamehe!*
verzieren *pamba*
verzollen *lipa ushuru*
Vieh *nyama;* Rind~ *ngombe*
viel *-ingi, tele,* adv. *nyingi, vingi, sana, mno;* ~e Bäume *miti mingi;* ~ Lebensmittel *vyakula tele*
vielleicht *labda*
vielmals *mara nyingi*
Viertel *robo;* eine Viertelstunde *robo saa;* 1¼ Stunden *saa moja na robo;* ¾ *kasarobo*
Vogel *ndege, ndege;* ~käfig *tundula ndege* ~nest, *nyumba ya ndege*
Volk *watu, taifa* (Nation); *umati* (Menge); ~sstamm *kabila, kabila;* von welchem ~ bist du ? *kabila gani wewe?*
voll werden *jaa;* ~ machen *jaza;* der Topf ist ~ Wasser *mchungi umejaa maji;* das Glas wird ~ *bilauri inajaa;* das Glas ist ~ *bilauri imejaa;* ~ Wasser sein *jaa maji*
vollenden *kwisha, maliza, timiza, fanya;* wirst du deine Arbeit bald ~ ? *utamaliza kazi yako karibu ?;* vollendet sein *kwisha, timia*
völlig *kabisa*
Vollmond *mwezi mkubwa, mwezi kamili*
von, von hier bis dort *toka hapa mpaka kule;* von heute ab *tangu leo*
voran *mbele;* ~, vorwärts! *haya!*
vorangehen *tangulia, kwenda mbele;* gehe voraus! *tangulia! nenda mbele!*
vorbei|gehen *pita;* ~lassen *pisha*
vorbereiten *tengeneza, fanya tayari;* bereite das Essen vor! *tengeneza chakula!*
vorgehen *tangulia, kwenda mbele*
Vorgesetzter *bwana mkubwa*
vorgestern *juzi*
Vorhang *pazia, mapazia*
vorher *kwanza*
vorläufig *kwanza*
Vormittag *asubuhi*

vorn *mbele*
vornehm, edel *-kuu;* ~er Mann *mtu mkuu*
Vorrat *akiba;* auf ~ legen *weka akiba*
Vorraum, offener, vor dem Hause *baraza;* ~ im Hause *ukumbi*
vorsätzlich *kwa maksudi*
Vorschrift *amri, sheria;* ~, Diät *mwiko*
Vorschuß geben *kopesha;* ~ nehmen *kopa*
vorsichtig *taratibu;* ~ sein *angalia*

Vorsteher, Orts~ *jumbe, majumbe*
vorstrecken, Geld *kopesha, tanguliza mapesa*
Vorteil *faida*
vorwärts (örtlich) *mbele;* ~ an die Arbeit! *haya kazi!* ~ gehen *kwenda mbele, tangulia*
vorzählen, jemandem *hazibia*
vorziehen *taka zayidi, penda zayidi*
vorzüglich *bora*

W

wach, ~ sein, ich bin ~ *ni macho;* bist du ~ ? *u macho ?*
Wache *ulinzi;* ~ halten *linda zamu, kesha*
Wächter *mlinzi*
Wachs *nta*
wachsen (von Menschen) *kua;* (von Pflanzen) *ota*
Wade *chavu la mguu*
Waffen *silaha;* ~ niederlegen *weka silaha*
Waage *mizani;* auf der ~ wägen *pima katika mizani*
Wagen *gari, magari;* Gepäck~ *gari la mizigo;* Kinder~ *gari la mtoto;* Vieh~ *gari la ngombe;* Auto *motocaa*
waagrecht *kwa upana*
wählen *chagua*
wahr *kweli, sahihi, hakika*
wahrnehmen *ona*
wahrsagen *piga ramli*
wahrscheinlich *labda kweli*
während *wakati wa*
Wald *msitu, misitu*
Wand (von Lehm) *kiwambaza;* (von Stein) *ukuta kuta wa mave;* ~tafel *ubau mkubwa*
Wange *chavu, machavu*
wann? *lini ?;* um welche Zeit ? *saa ngapi ?*
Wanze *kunguni, kunguni*
Waren *mali, mali;* ~gattung *namna ya mali;* ~haus *bohari, gala*
warm *-a moto;* ~, Speise *chakula cha moto;* ~es Wasser *maji ya moto;* mir ist ~ *ninaona moto* heute ist es sehr ~ *leo jua kali sana;* es ist heute nicht warm *hapana jua leo;* das Wasser ist nicht ~ *maji hayana moto*
wärmen, sich, am Feuer *ota moto;* an der Sonne *ota jua;* auf~ *pasha moto*
warten *ngoja, kaa;* warte! *ngoja!;* warte hier! *ngoje hapa! kaa hapa!;* warte auf mich *ningoje;* sollen wir hier ~ ? *tungoje hapa?;*

sage ihm, er solle ~ *mwambie angoje!*
warum? *kwa nini? sababu gani? mbona?*
Warze *chunshua, machunzua*
was? *nini?;* ~ soll ich machen? *nifanyaje?;* ~ ist da los? *kuna nini?;* ~ hast du? *una nini?;* ~ ist das? *nini hii?;* ~ suchst du? *unafuta nini?;* ~ für ein? *gani?;* ~ bist du für ein Mann? *mtu gani we?;* ~ gibts neues? *habari gani?;* wie, ~? *kama nini?;* ~ soll das? *nini hii?;* ~ führt dich hierher? *nini habari yako?*
Waschbecken *bakuli, mabakuli*
Wäsche *nguo;* ~ in der Sonne trocknen *anika nguo;* ~ aufhängen *tandaza nguo;* es ist keine reine ~ da *hapana nguo safi;* gehe zum Wäscher und hole reine ~ *nende kwa dobi kalete nguo safi;* hast du die ~ noch nicht gewaschen? *hukufua bado nguo?;* der Wäscher hat die ~ noch nicht gebracht *dobi hakuleta nguo bado;* wieviel Stück ~ hat der Wäscher gebracht? *dobi ameleta nguo ngapi?*
Wäscher *dobi, madobi*
waschen, sich *koga;* Kleider ~ *fua nguo*
Wasser, *maji;* Brunnen~ *maji ya kisima;* Fluß~ *maji ya mto;* Trink~ *maji ya kunywa;* Soda~ *maji ya soda;* Zucker~ *maji ya sugari;* ~flasche *chupa ya maji;* ~gefäß *birika;* ~krug *mtungi, mitungi;* ~leitung *feregi;* frisches ~ *maji matamu;* kühles, kaltes ~ *maji baridi;* warmes ~ *maji ya moto;* ~ schöpfen *teka maji;* ins ~ tun *tia katika maji;* bringe warmes ~ *lete maji ya moto,* das ~ ist nicht warm *maji hayana moto;* bringe das ~ zum Sieden *chemsha maji;* es hat hier kein ~ *maji hapana;* pumpe bis ~ kommt! *piga bomba hata maji yatoka!* ist ~ in der Nähe? *maji karibu?;* ist das ~ bereit? *maji tayari?;* wässerig *kimajimaji;* wässern *tia maji*
Watte *pamba*
weben *fuma*
wechseln, verändern *geuza, badili;* Geld ~ *vunja feza, badili feza*
wecken *amsha;* wecke mich um 6 Uhr *niamshe saa sita*
Wecker *kengele*
weder ... noch *wala ... wala*
Weg *njia, njia;* Fahr~ *njia ya kwenda kwa gari;* Fuß~ *njia ya kwenda kwa miguu;* weiter ~ *njia mbali;* kurzer ~ *njia fupi;* nach dem ~ fragen *uliza njia;* ~ zeigen *onyesha njia;* ~ suchen *tafuta njia;* ~ verfehlen *kosa njia;* der ~ nach Nairobi *njia ya N.;* weißt du den ~? *wajua njia?;* es ist kein ~ vorhanden *hapananjia*
Weg, Gang *mwendo, miendo*
wegen *sababu ya, kwa sababu ya*
weggehen *ondoka, kwenda zake,* geh weg! *ondoka!*
wegjagen *fukuza*

weglaufen *kimbia*
wegräumen *ondoa, twaa*
wegwerfen *tupa;* gänzlich ~ *tupia mbali*
wehen *vuma*
wehtun, schmerzen *uma*
Weib *mke, wake, mwanamke, waanawake*
Weibchen (von Tieren) *jike, majike*
weich *laini;* ~ machen *lainisha*
Weide *machunga*
weiden, hüten *chunga*
weigern, sich *kataa*
weil *kwa sababu*
Wein *divai*
weinen *lia;* warum weinst du? *sababu gani unalia*
Weise *namna;* auf diese ~ *namna hii;* auf welche ~? *namna gani?;* auf gleiche ~ *vilevile, sawasawa*
weiß, grau, hell *-eupe*
weit, breit *pana;* ~ fern *mbali,* von weitem *kwa mbali;* ist es ~ von hier? *ni mbali kutoka hapa kwenda kule?* oder *ni mbali toka hapa?;* es ist noch ~ *mbali bado;* es ist nicht ~ von hier *si mbali na huko;* ~e Reise *safari ya mbali;* es ist ~, aber nicht sehr ~ *mbali, lakini si mbali sana;* wie ~ ist es von hier bis Nairobi? *toka hapa hata N mwendo wa saa ngapi?*
Weizen *ngano;* ~mehl *unga ya ngano*
Wellblech *bati, mabati;* ~haus *nyumba ya mabati*
Welle *wimbi, mawimbi*
Welt *ulimwengu, dunya, dunia*
wenden *pendua, geua*

wem? *-a nani?;* ~ gehört dieses Geld? *feza hii ya nani?;* wen? *nani?;* ~ hast du gesehen? *umemwona nani?*
wenig *kidogo;* sehr ~ *kidogo sana;* nur ~ Leute *watu kidogo*
wenn *kama*
wer? *nani?;* ~ bist du? *wewe nani?;* ~ ist dies? *nani huju?;* ~ ist da? *kuna nani?;* ~ ist es? *nani? nani huyu?;* ~ sind diese Leute? *nani watu hawa?*
werfen *tupa*
Werk, Arbeit *kazi, kazi, tendo, matendo*
Werkstatt *kiwanda, viwanda*
Werkzeug *vyombo*
wert sein, wieviel ist es ~? *kiasi gani?;* es hat keinen Wert (Zweck) *haifai*
weshalb? *kwa nini? sababu gani?*
Weste *kisibao, visibao*
Westen *magribu*
Wette *mashindano;* wetten *fanya mashindano*
Wetter, es ist gutes ~ heute *kweupe leo, kuzuri leo;* es ist kühles ~ *baridi nje;* es ist heißes ~ heute *jua kali leo*
Wettstreit *mashindano*
wetzen *noa*
wichtig *-kubwa, -zito*
wie *kama*
wie? *nini?;* auf welche Weise? *namna gani?;* wie gehts? *jambo? hujambo? hali gani?;* wie teuer? *kiasi gani? bei gani?*
wieder *tena, mara nyingine;* nochmals *mara ya pili*
wiedergeben *rudisha*

wiederholen *fanya tena, fanya mara ya pili*
wiedersehen *onana*; auf Wiedersehen *kwa heri ya kuonana*
wiegen *pima*
Wiesel *kidete, videte*
wieso? *ginsi gani?*
wieviel? *-ngapi?;* wieviele Male? *mara ngapi?;* ~ ist der Rest? *baki ngapi?*
wild *-kali*
Wild *nyama ya mwitu*
Wildschwein *ngruwe wa mwitu*
Wille *moyo*; ~, Absicht *kusudi*
Wind *upepo, pepo*; es ist windig *kuna pepo*
Winkel, Ecke *pembeni* d. h. in der Ecke
wirklich *kweli, hakika*
wischen, abwischen *pangusa*; auswischen *futa*
wissen *jua*; ~, verstehen *fahamu*; ich weiß nichts davon *sina habari*; was weißt du? *wajuaje?*;
wo? *wapi?;* ~ ist er? *yuko wapi?;* ~ ist er hingegangen? *amekwenda wapi?;* ~ kommst du her? *unatoka wapi?;* ~ bist du gewesen? *umekaa wapi?*
Woche *juma*; eine ~ *juma moja*; nächste ~ *juma ijayo*; ~ntage vgl. Grammatik, S. 33

wodurch? *kwa neno gani?*
wohin? *wapi?*
wohlfeil *rahisi*
wohlschmeckend, süß *-tamu*
wohnen *kaa*; wo wohnst du? *wakaa wapi?*
Wohnhaus *nyumba ya kukaa*
Wohnung *nyumba*; ~ wechseln *hama*
Wolke *wingu, mawingu*; Regen~ *wingu la mvua*; Rauch~ *wingu la moshi*
Wolldecke *blanketi*
Wolle (von Tieren) *manyoya*; (im Handel) *sufu*
Wort *neno, maneno*; nichts als ~e *maneno matupu*; ~ geben *toa ahadi*; ~ halten *shika ahadi*; ~ brechen *vunja ahadi*
Wörterbuch *kitabu cha maneno*
wozu? *ya nini?*
Wunde *kidonda, vidonda*; reinige die ~ mit Wasser *safisha kidonde kwa maji*
Wunder *ajabu*
wundern, sich *taajabu*
Wunsch *haja*; wünschen *taka penda*
Würfel *dadu*; ~ spielen *cheza dadu*
Wurm *mdudu, wadudu*
Wurzel *shina, mashina*
würzen *tia bizari*
Wüste *nyangwa*
wütend, heftig *-kali*

Z

Zahl *hesabu, namba*
zahlen *toa, lipa*; Zoll ~ *lipa ushuru*; Zahltag *siku ya kulipa, siku ya mshahara*; Zahlungsfrist *muda wa kulipa*

Zahn *jino, meno*; ~ ziehen *ngoa jino*; ~bürste *mswaki, miswaki*; ~lücke *pengo la mapengo*, zwischen den oberen mittleren Schneidezähnen

(Schönheitsmerkmal) *mwanya;* ~schmerz *machungu ya meno*
zäh, hart *-gumu*
zählen *hesabu*
zähmen *fuga*
Zange *koleo, makoleo*
zanken *gombana*
Zansibar *Unguja*
zappeln *tapatapa*
Zauber *dawa, uchawi;* ~doktor *mganga, waganga;* ~ei treiben *fanya uchawi;* ~mittel *dawa ya uchawi*
Zaun *ua, nyua*
Zebra *punda milia* (gestreifter Esel)
Zecke *papasi* (Menschenzecke) *kupe* (Rinderzecke)
Zehe *kidole cha mkuu, vidole vya mkuu*
Zeichen *alama, alama;* ~, Nummer *numba;* ~, Warnung *kiongo;* ~ machen *piga alama, tia alama*
zeigen *onyesha*
Zeile *mstari, mistari* (Linie)
Zeit *wakati nafasi;* Jahres~ *wakati;* ~, Stunde *saa;* ~, Muße *faraga;* ~raum, Termin *muda;* Tag *siku;* Augenblick *kitambo*
Zeit *nafasi, wakati;* ~, Muße *faraga;* ~, Frist *muda;* heiße ~ *kaskazi;* kalte ~ *kipupwe;* zu welcher ~? *wakati gani? saa gani? lini?* (wann?) *siku gani?*
Zeitung *gazeti, gazeti* (oder *mangazeti*)
Zelt *hema, hema;* ~ aufschlagen *panga hema, piga hema;* ~ zusammenlegen *kunja hema;* ~ einpacken, ~dach *chendarua cha hema;* ~pflöcke, Heringe *vijiti vya hema;* ~stricke *kamba za hema; a funga hema;* wo sollen wir das ~ aufschlagen? *hema tupige wapi?*
Zement *udongo ulaya, simenti*
zerbrechen *vunja;* zerbrochen sein *vunjika*
zerreiben *saga*
zerreißen *pasua;* zerrissen sein *pasuka, katika*
zerschlagen *vunja*
zerschneiden *kata*
zerstören *haribu, vunja;* zerstört sein *haribika, vunjika*
Zettel *cheti, vyeti,* Bon *tikiti*
Zeuge *shahidi, mashahidi*
zeugen (Kinder) *zaa*
Zeugnis *ushahidi;* briefliches ~ *barua*
Zibetkatze *fungo, mafungo*
Ziege *mbuzi, mbuzi;* ~nfleisch *nyama ya mbuzi*
Ziegel *tufali, matufali*
ziehen *vuta*
Ziel, Zweck *kudsudi, makusudi*
zielen *lekeza*
Zigarre *sigari;* Zigarette *sigareti*
Zimmer *chumba, vyumba;* Schlaf~ *chumba cha kulala;* Wohn~ *chumba cha kukaa (kukalia);* Bade~ *chumba cha koga;* Eß~ *chumba cha kula*
Zimmermann *sermala, masermala*
Zimt *mdalasini*
Zinn *risasi nyeupe*
Zink *bati, mabati*
Zinsen *faida*
Zisterne *birika, birika*

Zitrone *ndimu, ndimu;* ~nbaum *mdimu, midimu;* ~nlimonade *ndimu soda*
zittern *tetemeka*
Zoll *ushuru wa forza;* ~ erheben *toa ushuru;* ~ zahlen *toa ushuru, lipa ushuru;* ~amt *forza;* ~beamter *wakili wa forza;* zollfrei *haina ushuru*
zu (des Infinitivs) *ku;* Präposition zu: *kwa;* zu, zusehr *mno;* zu kurz *fupi mno*
Zuber *pipa, mapipa*
zubereiten *tengeneza*
zudingen *funga*
züchten *fuga*
Zucker *sukari;* ~rohr *mua, miwa;* ~rohrpflanzung *shamba la miwa*
zudecken *funika*
zuerst *kwanza*
Zufall *nasibu, bahti;* zufällig *kwa bahati*
zufrieden *razi*
Zug, Windzug *mpepea;* ~, Eisenbahn *gari, gari la moshi*
zugleich *pamoja*
zuhören *sikiliza*
zuknöpfen *funga*
zuletzt *mwisho, hatima*
zumachen *funga;* Türe ~ *funga mlango*
Zündholz *kibiriti, vibiriti;* ~ anzünden *washa kibiriti*
Zunge *ilimi, ndimi*
zurück *nyuma;* ~bleiben *kaa nyuma;* ~bringen *rudisha;* ~gehen *kwenda nyuma;* ~halten *zuia;* ~lassen *acha nyuma;* ~legen, sparen *weka akiba;* ~schicken *rudisha*
zusammen *pamoja, jumla* (Summe) wieviel ~? *jumla ngapi?;* wie teuer ~? *jumla kiasi gani?;* ~ mit *pamoja na;* ~ mit wem? *pamoja na nani?*
Zusammen|falten *kunja;* ~hängen *funganiana;* ~kommen *kutana, onana;* ~legen *weka pamoja;* ~rufen *ita pamoja;* ~zählen *jumlisha*
zuschauen *tazama, angalia*
Zustand *hali, hali*
zustimmen *kubali*
zustopfen *ziba*
zuverlässig *amini*
zuviel sein *shinda;* diese Arbeit ist mir ~ *kazi hii inashinda mimi*
zuvorkommen *tangulia*
Zweck *nia, kusudi*
Zweifel *wasiwasi, mashaka;* er ist im ~ *ana mashaka;* zweifelhaft *-enye mashaka;* zweifeln *ona mashaka*
Zweig *tawi, matawi*
zweimal *mara mbili, mara nyingine*
zweitens *mara ya pili*
Zwerg *mbolehi, wambolehi*
Zwiebel *kitunguu, vitunguu*
Zwietracht *fitina;* ~ säen *tia fitina*
Zwilling *pacha, mapacha*
zwingen *lazimisha*
zwischen *katikati ya;* ~, unter uns *baina yetu*
Zylinder *cylinder;* ~ der Maschine *bomba*

WÖRTERVERZEICHNIS KISUAHELI—DEUTSCH

abiria, maabiria Fahrgast, Passagier
acha lassen, freilassen, erlauben
adhuhuri mittags
adui, maadui Feind
afadhali (es ist) besser
afya, afya Gesundheit
akili, akili Verstand, Fertigkeit
alama, alama Zeichen, Signal
alasiri (moh.) Donnerstag
ambia jemand mitteilen
ambiana einander mitteilen
amerikani eine Art ungebleichtes Kaliko; Amerikaner
amini vertrauen, (etwas) glauben
amka aufwachen, aufstehen
amkia grüßen
amri, amri Befehl, Gebot
amsha erwachen, jemand wecken

andika schreiben
angalia achtgeben, sich merken
anguka herabfallen, umfallen
anika zum Trocknen aufhängen
anza anfangen
arifu benachrichtigen
arobaini Zahl 40
arusi Hochzeit
asali, asali Sirup, Honig (auch Biene)
asanti danke
askari, askari Soldat, Polizist, Wächter
asubuhi morgens
au oder
au ... au entweder ... oder
aya, aya eingeborenes Kindermädchen; *memsaab aya* europäisches Kindermädchen

B

baba, baba Vater (Onkel väterlicherseits)
baba mdogo Stiefvater, Onkel
badili wechseln
badilisa (etwas) wechseln lassen
bado noch nicht
bado kidogo bald
bafu, bafu Bad
bahari, bahari Meer, Ozean
bahasha, bahasha Briefumschlag, Mappe

baisikeli, baisikeli Fahrrad
baki übrigbleiben, Rest
bakuli, mabakuli Schüssel, Tasse
banda, mabanda offener Schopf, Haus mit Grasdach
bandika Wunde verbinden
barabara, barabara Fahrstraße
barafu Eis, Hagel, Schnee
barashi, barashi Bürste
baraza, baraza Veranda, Gerichtshof

baridi Kälte, Zugluft, kalter Wind
barua, barua Brief, Empfehlung
basi! gut! einverstanden!
bata, mabata Ente, Gans
bau = mbau Brett, Gestell
bati, mabati Wellblech
-baya schlecht
beba auf dem Rücken tragen
bei, bei Preis
bendera, bendera Flagge
biashara Handel, Verkehr
bibi, bibi verheiratete Frau
-bichi unreif
bila ohne, außer
bilauri, bilauri Trinkglas
birika, birika Jochtopf, Zisterne, Tank

bisikoti, bisikoti Biskuit
-bivu reif
blanketi, blanketi Wolldecke
boma, maboma „Festung", Umzäunung, Regierungsgebäude
bomoa niederreißen
bora vorzüglich
-bovu faul abgestanden
buluu blau, Arbeitsvertragsformular
bunduki, bunduki Gewehr
buni getrocknete Kaffeebohnen
bure umsonst, gratis, unnütz
bustani, bustani Garten
bwana, mabwana Herr, Besitzer, Chef

C

chafu schmutzig
chagua wählen, auslesen
chai Tee
chaki Kalk, Kitt
chakula Essen, Nahrung
chandarua, vyandarua Moskitonetz, Wagendecke
changanya vermengen
chanja impfen
chaka lachen
chelewa zu spät kommen
chemuka sieden
chemusha (etwas) zum Sieden bringen
cheti Schein, Zettel
cheza spielen
chimba graben
chini auf den Boden, hinab

chini ya unterhalb von
chinja schlachten
choka müde werden
choma brennen, ausbrühen
chombo, vyombo Gerät, Gefährt, Segelschiff
chonga zuspitzen
choo, vyoo Klosett
chui, chui Leopard
chukua tragen (von Lasten)
chuma, vyuma Eisen
chumba, vyumba Zimmer
chumvi Salz
chunga n'gombe Vieh besorgen
chunga sieben
chungu bitter, irdener Topf
chungwa machungwa Orangen
chupa, chupa Flasche

D

dai fordern (Geld), einklagen
dakika, dakika Minute
dakitari Doktor
damu Blut
danganya betrügen
daraja, daraja Brücke, Treppenhaus
dau, madau Eingeborenen-Segelboot
dawa, dawa Medizin, Arznei; *dawa ya homa* Fiebermittel; *dawa ya kupata choo* Abführmittel; *dawa ya kutapisha* Brechmittel; *dawa ya kufunga choo* Stopfmittel; *dawa ya kupata* Salbe; *dawa ya kupandika* Pflaster; *dawa ya usingizi* Schlafmittel
debe, madebe Kübel, Benzinbehälter
deni, deni Schuld
desturi, desturi Sitte, Gewohnheit
dirisha, madirisha Fenster, Scheibe
dobi, madobi berufsmäßige Wäscher(in)
-dogo klein
dudu, madudu Insekt, Wurm
duka, maduka Verkaufsladen

E

-ekundu rot
eleza erklären
elfu tausend
-ema gut
-embamba schmal, eng, dünn
(kw)enda gehen
endelea weiterfahren
ewe! He! Höre!
-epesi leicht (von Gewicht), dünn
eropleni Flugzeug
-eupe weiß
-eusi schwarz

F

(ku)fa sterben
faa taugen, nützen
fagia kehren, fegen
fahamu verstehen
faida Gewinn, Vorteil
fanya machen, tun; ~ *bidii* s. anstrengen; ~ *kazi* arbeiten; ~ *makelele* Lärm machen; ~ *matata* Schwierigkeiten machen; ~ *shauri* beraten, unterhandeln; ~ *tayari* fertig, bereitmachen; ~ *upesi* sich beeilen
faraipani Bratpfanne
farasi, farasi Pferd
fasiri übersetzen
fereji Wasserkanal, -graben, -röhre
fedha (= feza) Geld, Silber, Münze
ficha verstecken
fika ankommen
fikiri nachdenken
fimbo, fimbo Stock, Stecken
firimbi, firimbi Pfeife
fisi, fisi Hyäne
fitina Zwietracht, Streit
fito langer Stab, Stecken
foleni Rapport, Musterung
frasi Pferd
frasla Gewicht von 36 engl. lbs.

fua Wäsche (schlagen) waschen
fuata folgen, nachfolgen
fukuza verfolgen, nachjagen
fulani gewisser, unbekannter
fundi, mafundi Meister, gelernter Handwerker
fundisha lehren, unterrichten
funga schließen, binden, einsperren
fungua öffnen, losbinden, freilassen
funika zudecken
-*fupi* kurz, klein
furahi sich freuen
futa wischen, einen Arbeiter entlassen
futi engl. Längenmaß „Fuß", Tageswerk

G

ganda, maganda Rinde, Haut
gani? welcher? was für ein?
gari, magari Wagen, Fahrzeug
gawanya dividieren, austeilen
gazeti, gazeti Zeitung
-*geni* fremd, ausländisch
(kwa)ghafula plötzlich, unversehens
ghali teuer, kostspielig
giza Dunkelheit

gogota hämmern
goi-goi faul, schwach, unnütz
gombana miteinander streiten
gonga klopfen
-*gonjwa* krank
goti, magoti Knie
-*gumu* hart, schwierig
gunia, magunia Sack
gurudumo, gurudumo Rad
guruguru Truthahn

H

habari Nachrichten
hafifu leicht, gering, unnütz
haidhuru! (= *haizuru*) macht nichts!
haifai es taugt nichts
haki Recht, Gerechtigkeit; *mtu wa* ~ ein rechtschaffener Mann
hakuna nein (es ist keiner)
halafu nachher, später, dann
hali Umstand, Gesundheitszustand; *u* ~ *gani?* wie geht es dir? *ni* ~ *njema* es geht mir gut
hama Wohnung (Haus) wechseln
hamsini Zahl 50
hana er hat nicht (keine)
hangaika sich ängstigen

hapa hier
hapana nein
hapo hier
hara Durchfall haben
haribika zerstört sein
haribu zerstören
hasara Verlust
hata bis, bis daß
hata mara moja auch nicht einmal (d. h. niemals)
hatari Gefahr
hawezi er kann nicht, er ist krank
haya also! schnell!
hema Zelt
heri Glück, Freude; *kwa* ~! auf Wiedersehen!
hesabu Zahl, zählen, rechnen
hii dies, das

hivi (hivyo) so
hivihivi und so fort
hizi diese
hodari tüchtig, energisch, fleißig
hodi? darf ich eintreten?

homa Fieber
hudhuria anwesend sein, beiwohnen
huku (huko) dort (in der Nähe)
huzuni Kummer, Sorge

I

iba (kwiba) stehlen
iko es gibt, es hat (il y a)
ile jener, jenes
imba (kwimba) singen
ina es hat, sie haben
inchi Land, Erde
inne vier
ingia hineingehen

ingine (adj.) andere
inje aufheben, aufbauen
inzi, mainzi Fliege
(kw)isha beendigen
ishirini zwanzig
ita rufen
itika antworten
(kw)iva reif werden

J

(ku)ja kommen
jaa aufgefüllt, vollsein
jambo Sache, Angelegenheit; *hu ~?* (Gruß) wie geht es dir? *ha ~?* wie geht es ihm?
jana gestern
jana asubuhi gestern morgen
jana usiku gestern abend
jani (majani) Blatt, Blätter, Gras
-janja schlau, hinterlistig
jaribu probieren
jaza anfüllen
jeli Gefängnis
jemba Hacke, Pflug; *~ ya sahani* Scheibenpflug; *~ ya sungura* Scharpflug
jenga bauen
jeshi la askari Armee
Jeshi la Wokovu Heilsarmee

jibu antworten
jicho, macho Auge
jifu majifu Asche
jiko, meko Herd; *jikoni* Küche, in der Küche
jina, majina Name
-jinga dumm, unwissend
jino, meno Zahn
jioni Abend
jiwe, mawe Stein
jua Sonne
jua wissen, kennen
Juma oder *Jumaa* Freitag, eine Woche
jumla Summe
jumlisha hinauf, droben
juu ya oberhalb, über
juzi vorgestern; *~-~* letzthin, vor einiger Zeit

K

kaa bleiben, sitzen, wohnen
kaanga braten
kabadi, kabadi (Speise-)Schrank
kabila, makabila Volksstamm

kabisa überaus, sehr, am meisten
kabla ya (zeitlich) vor, bevor
kaburi, makaburi Grab

kahawa Kaffee
kalamu, kalamu Schreibschrift
-kali scharf, heiß, tapfer
kama gleich wie, so wie, sofern, wenn
kamata ergreifen
kamba, kamba Schnur, Seil
kambi, makambi Zeltlager, Camp
kamua melken, auspressen
kando oder *kando-kando* auf die Seite, außen herum
kanisa, makanisa Kirche
kanyaga auf etwas herumtreten, zertrampeln
karani, makarani Schreiber
karatasi, karatasi Papier
karibia sich nähern
karibu nahe; sich nähern; ~ *ya* nahe bei; ~*!* herein! tritt näher!
kasa weniger, vor; *kasarobo* ein Viertel vor
kaskazi, kaskazi Nordwind, Nordostmonsun; *kaskazini* Norden
kata schneiden, fällen, subtrahieren
kataa sich weigern, verweigern
kataza verbieten
kati oder *katikati* Mitte; ~ *ya* mitten, zwischen
katika entzwei sein; ~ in, an, bei, zu, um, von
kauka vertrocknen, verdorren
-kavu trocken, dürr, unfruchtbar
kaza enger machen, festbinden
kazi, kazi Arbeit
kelele, makelele Lärm, Geschrei
kenda (tisa) neun
kengele, makengele Schelle, Glocke
kesho morgen; ~ *mapema* morgen früh; ~ *kutwa* übermorgen
kiasi, viasi Maß, Preis
kiatu, viatu Schuh
kiazi, viazi Süßkartoffel
kibaba, vibaba Hohlmaß; ~ *ya posho* ca. 2½ engl. Pfund Maismehl
kibanda, vibanda offene Hütte
kibiriti, vibiriti Zündhölzchen
kiboko, viboko Flußpferd
kibuyu, vibuyu Frucht des Affenbrotbaumes; *(mbuyu)* Kalabasse aus der Frucht
kichungo, vichungo Sieb
kichwa, vichwa Kopf
kidogo ein wenig; ~ *tu* nur ein wenig; ~-~ immer weniger
kidole, vidole Finger, Zehe
kidonda, vidonda Wunde
kifaru, vifaru Nashorn, Rhinozeros
kifua, vifua Brust, Lunge
kifungo, vifungo ein Knopf
kifuniko, vifuniko Deckel
kigingi, vigingi Zeltpflock
Kiingereza, Waingereza Engländer
kijana, vijana junger Mensch, nach erlangter Reife; ~ *mwanamume* Jüngling; ~ *mwanamke* Jungfrau
kijiji, vijiji kleines Dorf
kijiko, vijiko Eßlöffel
kikapu, vikapu Korb, Handkorb
kiko, viko Tabakpfeife
kikombe, vikombe Tasse
kila jeder, jedes; ~ *mara* jedesmal; ~ *mmoja* jeder einzelne; ~ *siku* jeden Tag, immer
kilima, vilima Hügel
kilindi tiefes Wasser
kimbia fliehen vor

kimya leise; *kimyakimya* ganz leise

kinanda, vinanda Musikinstrument, Orgel, Handorgel, Mundharmonika, Grammophon etc.

kioga, vioga Pilz

kiongozi, viongozi Führer, Reiseführer

kioo, vioo Glas, Spiegel

kipande, vipande Stück, Teil, Ausweiskarte für Eingeborene

kipomo, vipomo Hohlmaß

kipofu, vipofu Blinder

kiroboto, viroboto Floh

kisahani, visahani kl. Teller

kisha nachher

kishenzi barbarisch, unerzogen; *mshenzi* = großer Schimpfname

kisima, visima Brunnen, Ziehbrunnen

kisiwa Insel

kisu, visu Messer

kitabu, vitabu Buch

kitambaa, vitambaa Tuch, Handtuch

kitanda, vitanda Bett

kiti, viti Stuhl, Sitz

kitu, vitu Ding, Sache, etwas; *kila* ~ alles; *hapana* ~ nichts

kitunguu, vitunguu Zwiebel

kiu Durst; *ona* ~ durstig sein

kivulana, vivulana erwachsener, unverheirateter Jungmann

kivuli, vivuli schattiger Platz; *kivulini* im Schatten

kiwanda, viwanda Arbeitsplatz, Werkstatt

kiwanja, viwanja Spielplatz, Bauplatz

kizungu nach europäischer Art; *nguo ya* ~ europäisches Kleid

kodi, kodi Steuer, Kopfsteuer

kofi, makofi Handfläche, Ohrfeige

kohoa husten

kombe, makombe Teller, Pfanne

konda mager werden

kondoo, kondoo (oder *kondoro*) Schaf

kongoni, kongoni Kuhantilope

kopa entlehnen

kopesha leihen

koroga umrühren

kosa, makosa Fehler, Sünde

kosa irren, fehlen

koti, makoti Kittel, Jacke

kubali einwilligen

kubwa groß, breit, wichtig

kufa sterben

ku-ja kommen

kuku, kuku Huhn

ku-la essen

kule dort, weit weg

kulia rechts

kuliko mehr als

kumbe! siehe da!

kumbi-kumbi fliegende, weiße Ameisen

kumbuka sich erinnern

kumbusha jemand an etwas erinnern

kumi zehn

kuni Brennholz

kunywa trinken

ku-oga sich waschen, baden

ku-pa geben

kupita mehr als

kusanya sammeln, aufhäufen

kushoto zur Linken, links

kusini Süden, im Süden

kuta finden, treffen

kutana sich treffen

kutu Rost, Schimmel
-kuu vornehm, hoch; *siku kuu* Geburtstag, Weihnachten
-kuume zur Rechten, rechts
ku-uza verkaufen
kuwa sein
kuwa na haben
kwa = mit, von, bei, zu, für, nach, wegen; ~ *ajali* zufällig; ~ *bahati* zufällig; ~ *baisikeli* per Fahrrad; ~ *barua* brieflich; ~ *gahfula* plötzlich; ~ *heri* mit Glück, ade; ~ *kusudi* absichtlich; ~ *maana* nämlich, denn; ~ *maneno* mündlich; ~ *miguu* zu Fuß; ~ *motokaa* per Auto; ~ *ndege* per Flugzeug; ~ *nini?* warum? ~ *reli* per Bahn; ~ *sauti* mit lauter Stimme; ~ *shida* mühsam; ~ *simu* telegraphisch; ~ *taratibu* bedächtig, umsichtig; ~ *telefoni (simu)* telefonisch; ~ *usuri* auf schöne Weise; *ya kwamba* daß, damit
kwanza zuerst, anfänglich
kweli ja, tatsächlich, gut
kwenda gehen
kwiba stehlen
kwisha vollenden

L

la, ku-la essen, aufbrauchen
labda vielleicht
laini dünn, zart, weich, eine Linie
lakini aber
lala schlafen
lazima, lazma es ist nötig, ich muß
leo heute; ~ *alasiri* heute nachmittag; ~ *asubuhi* heute morgen
leta herbringen, holen, mitbringen
lewa betrunken sein
lia weinen, schreien
lima hacken, ackern, roden, umgraben
linda bewachen, behüten
lini? wann?
lipa bezahlen (eine Schuld)
lisha füttern
loboti, loboti Rapport, Neuigkeit
lokota auflesen
lo! lo! Ausruf des Staunens
lulu echte Perle
luga, luga Sprache

M

maalum berühmt, anerkannt, besonderer
maana, maana Bedeutung, Sinn, Meinung; nämlich, das heißt
mabati Wellblech
machi März
macho (pl. von *jicho*) Augen
machunga Weideland
machungwa Orangen
madudu Insekten
madoadoa Flecken
mafuta Öl, Fett; ~ *ya uto* Simsim-Öl; ~ *ya taa* Petroleum
magaribi Sonnenuntergang, Westen
magadi Soda

maganda Rinde, Schale, Hülse
mahali Ort, Platz, Stelle; ~ *pa* anstelle von, anstatt
maharagwe Bohnen
maiti, maiti Leichnam
majani Gras, Blätter, Laub, Heu, Unkraut; *rangi ya* ~ grün
maji Wasser, Flüssigkeit, Saft; ~-~ naß
majibu Antwort
majivu Asche
makaa Kohle
makasi Schere
makelele Lärm
makindu Palmblatt zum Korbflechten gebräuchlich
makonge Sisal
makosa Fehler, Irrtum, Vergehen
makuyu wilder Feigenbaum
makumbi Kokosnußfaser
malaya unfruchtbar
makuti Palmzweige
makutano Begegnung
mali Besitz, Vermögen, Eigentum;
malidadi eitel
maliza beendigen, vernichten
mama, mama mzazi Mutter
mamba, mamba Krokodil
mambo (Pl. von *jambo*) Dinge, Umstände, Angelegenheiten, Verhältnisse, Sachen, Handlungen
mananasi Ananas
maneno Worte, Sprache, Anliegen
mangaribi Westen
mapatano Vertrag
mapana Breite
mapema früh, frühzeitig
mapesa Geld; ~ *matupu* Bargeld; ~ *ya kuvunja* Kleingeld

mara mal, sofort; ~ *moja* einmal; ~ *nyingi* oft; ~ *nyingine* ein andermal; ~ *kwa mara* von Zeit zu Zeit
maridadi putzsüchtig, eitel
marefu Länge
masanduku Gepäck
mashariki Osten, östlich
maskini arm, Bettler
mashindano Wettstreit, Wette, Rennen
masikini arm, Bettler
masikio Ohren
matakataka Unrat, Schmutz, Schutt, Kehricht
matamayo wilder Olivenbaum
matamu Süßigkeiten
matandiko Geschirr, Sattel
matata Schwierigkeiten, Unannehmlichkeiten
mate Speichel
matiti Zitze, Euter, Brust
matope Schmutz, Morast, Schlamm, Dreck
matofali Ziegelstein
matunda Früchte, Obst
maua Blumen
mavumbi Staub
mavuno Ernte
mawe Steine, Kiesel, Hagel
mawingu Wolken
mayai Eier
maziwa Milch
mbali weit, fern, entlegen; *mbalimbali* getrennt, für sich, verschieden
mbau (Pl. von *ubau*) Bretter, Planken
mbavu Rippen
mbaya schlecht
mbegu Saat, Samen
mbele vorn (örtlich)
mbili zwei
mbichi unreif, grün

mbio Lauf, Trab; *piga* ~ rennen
mbivu reif, gut gekocht
mboga Gemüse
mbogo Büffel
mbona ? warum ?
mbono, mibono Rhizinusstaude
mbovu schlecht, zerfallen, verfault
mbu, imbu Moskito
mbuni Vogel Strauß
mbuyu, mibuyu Affenbrotbaum
mbuzi, mbuzi Ziege
mbwa, mbwa Hund
mchana Tag, Tageszeit; ~ *kutwa* den ganzen Tag
mchanga Sand, Erde, Boden
mchawi, wachawi Zauberer
mchele, michele ungekochter Reis
mchezo, michezo Spiel, Tanz
mchukuzi, wachukuzi Träger
mchunga oder *mchungi* oder *mchungaji, wachungaji* Hirte
mchungwa, michungwa Orangenbaum
mchwa, michwa weiße Ameise, Termite
mdimu, midimu Zitronenbaum
mdomo, midomo Mund, Lippe
mdudu, wadudu Insekt
mei Mai
meli Dampfer; Post
meno Zähne
memsaab Frau
meza, meza Tisch
mfalme wafalme König
mfano, mifano Beispiel, Vorbild
mfuko, mifuko Tasche, Beutel
mfupa, mifupa Knochen
mfupi kurz, niedrig
mganga, waganga Arzt, Zauberdoktor
mgeni, wageni Fremder, Gast

mgomba, migomba Bananenstaude
mgonjwa, wagonjwa Kranker, krank
mguu, miguu Bein, Fuß
Mhindi, Wahindi Inder
mia hundert
miba Dornen
mimi ich
miwa, miwa Zuckerrohr
mizigo Last, Bündel von ca. 60 Pfund
mizizi Wurzeln
mji, miji Stadt, Dorf
mjinga, wajinga Dummkopf
mjumbe, wajumbe Bote, Abgesandter, Volksvertreter
mjusi, wajusi Eidechse
mkanda, mikanda Riemen, Gurt
mkate, mikate Brot
mke, wake Frau, Ehefrau
mkebe, mikebe kleines Gefäß
mkeke, mikeke Matte, Schlafmatte, Teppich
mkia, mikia Schwanz
mkonge, mikonge Sisalpflanze
mkono, mikono Arm, Hand
Mkristo, Wakristo Christ
mkubwa breit, groß, wichtig
mkuki, mikuki Speer
mkulima, wakulima Landarbeiter, Farmer
mkutano, mikutano Zusammenkunft, Versammlung
mlango, milango Türe, Tor, Mündung eines Flusses
mle, mle ndani darin, da hinein
mlima, milima Berg, Hügel
mlingoti, milingoti Mast, Deichsel
Mmisri, Wamisri Ägypter
mnada, minada Versteigerung
mnazi, minazi Kokospalme

mno hauptsächlich, sehr viel, meist

mnyama, wanyama Tier, Wild

mnyampara, wanyampara Vorarbeiter

mnyororo, minyororo Kette

moja eins; *pamoja* zusammen; ~ *kwa* ~ eins nach dem andern, hintereinander; *mojamoja* einzeln, je einer, eins nach dem andern

moshi, mioshi Rauch, Dampf

moto, mioto Feuer; *ya* ~ heiß

moyo, mioyo Herz, Seele; *kwa* ~ auswendig

mpaka, mipaka Grenze, Ziel; ~ bis; ~ *lini?* bis wann?

mpamba, mipamba Baumwollpflanze

mpera, mipera Guyavenbaum

mpira, mipira Gummiliane, Gummi, Kautschuk, Billardball, Fußball, alles, was aus Gummi hergestellt ist

mpishi, wapishi Koch

mpumbavu, wapumbavu Dummkopf

mpunga, mipunga Reispflanze, unenthülster Reis

mpya neu

mrefu lang, hoch

mshahara, mishahara Monatslohn, Lohn

mshale, mishale Pfeil

msharidi, misharidi Peitsche

mshenzi, washenzi Buschneger, Schimpfwort

mshipi, mishipi Riemen, Gürtel, Streifen

mshumaa, mishumaa Kerze

mskiti, miskiti Moschee

msimamisi, wasimamizi Aufseher

msitu, misitu Wald, Busch

mstari, mistari Linie, Zeile, Reihe

msumari, misumari Eisennagel, Stift

msumeno, misumeno Säge; *piga* ~ sägen

Mswahili, Waswahili der Swahili

mswaki, miswaki Zahnbürste

mtalimbo, mitalimbo Hebel, eiserne Brechstange

mtama, mitama Hirse, Negerkorn

mtego, mitego Falle, Schlinge

mtende, mitende Dattelpalme

mteka maji, wateka maji Wasserträger

mti, miti Baum, Pflanze, Holz

mto, mito Fluß, Bach, Strom; auch Kopfkissen; *mtoni* beim Fluß, am Bach

mtoto, watoto Kind, ein Junges

mtu, watu Mensch, Person; *watu* Leute; ~ *mume* Mann; ~ *mke* Frau

mtumbwi, mitumbwi Boot, Einbaum

muhogo, mihogo Maniokpflanze

mume, waume Ehemann

mungu Gott

mvulana, kivulana Knabe, Bursche

mwaka, miaka Jahr; ~ *huu* dieses Jahr; ~ *jana uliopita* letztes Jahr; ~ *kesho* nächstes Jahr

mwanafunzi, waanafunzi Schüler, Lehrling

mwanamke, waanamke Frau

mwana mume Mann

mwanzo, mianzo Anfang, Ursprung

Mwarabu, Waarabu Araber

mwavuli, miavuli Regenschirm

mwembe, miembe Mangobaum
mwenye besitzend
mwenyeji, wenyeji Einheimischer
mwenzi, wenzi Freund
mwezi, miezi Mond, Monat
mwiba, miiba Dorn
mwibaji, waibaji Dieb
mwiko, miiko Kelle, Löffel
mwili, miili Leib, Körper
mwisho, miisho Ende, Abschluß
mwivi, wevi Dieb
mzee, wazee alter Mann; alt
mzima gesund
Mzungu, Wazungu Europäer
mzuri gesund

N

na und, mit, von, durch
naam! ja, tatsächlich!
nafasi Muße, Gelegenheit
namba Nummer, Zahl
nami mit mir
namna Art, Weise; ~ *gani?* auf welche Weise? ~ *hii* so, auf diese Weise
nane acht
nani? wer? wen?
nayo mit
nazi, nazi Kokosnuß
nchi, nchi Erde, Land
ndani drin (Gegensatz *nje* draußen)
ndege, ndege Vogel
ndipo dort, von dorther
ndio ja das ist so, das gebräuchlichste; ja
ndimu, ndimu Orangensaft
ndito junges Mädchen
ndizi, ndizi Banane
ndugu, ndugu Bruder, Schwester, Stammesgenosse, Landsmann
ndoo, ndoo Eimer
nena reden, sprechen
nene dick, fett (vom Mensch)
neno, maneno Wort, Sache
neopara, neopara Vorarbeiter
ng'ambo auf der andern Seite
-ngapi wieviele
ngano Weizen
ngazi, ngazi Leiter, Treppe
ngoja warten
ngoma, ngoma Trommel; Tanz
ngombe, ngombe Rind, Kuh
ngozi, ngozi Fell, Tierhaut, Leder
ngumu hart, schwierig
nguo, nguo Kleid
nguruwe, nguruwe Schwein
nguvu, nguvu Kraft
nguzo, nguzo Hauptmast eines Zeltes, Pfahl
ni ist, sind; ich bin
nini? was? *kwa* ~ *?* warum? *ya* ~ *?* wofür?
ninyi ihr; ~ *nyote* ihr alle
nipa gib mir; *mpe* gib ihm
njaa, njaa Hunger
nje draußen, auswendig
njia, njia Weg, Straße
njoo! komm hierher! *njooni!* kommt her!
nne vier
nona fett werden
nono fettig
noti Banknote, Note
nuka übelriechen
nundo, nundo Hammer
nunua kaufen
nusu halb, Hälfte; ~ *saa* halbe Stunde
nyama, nyama Fleisch
nyamaza still sein, still bleiben

nyangaau, nyangau Hyäne
nyani, nyani Affe, Hundsaffe
nyasi, manyasi Gras, Schilf
nyekundu rot
nyembamba schmal, dünn
nyeupe weiß, hell
nyeussi schwarz, dunkel
nyingi viele, viel
nyngine andere, anders, verschieden
nyoa rasieren
nyoka, nyoka Schlange

nyota, nyota Stern
nyonya saugen
nyuki, nyuki Biene
nyuma rückseitig; ~ *ya* hinter
nyumba, nyumba Haus
nyundo, nyundo Hammer
nywa trinken
nzige, nzige Heuschrecken
nzima ganz, vollständig, gesund
nzito schwer
nzuri gut, fein, ausgezeichnet

O

oa heiraten
ofisi Büro, Office
oga baden
oka backen
okota auflesen
olewa verheiratet werden (von der Frau)
omba bitten
ombea für jemand bitten
ona sehen, fühlen, empfinden; ~ *haya* sich schämen; ~ *furahi* sich freuen
onana einander wiedersehen

onekana erscheinen, sichtbar werden
ondoa wegnehmen
ondoka aufbrechen, abreißen
ondosha wegschaffen
ongeza hinzufügen, vermehren
onyesha zeigen
osha mit Wasser reinigen
ota träumen; wachsen (von Pflanzen)
-ote jeder, alle
oza verfaulen, verderben

P

ku-pa geben, *nipa!* gib mir! *mpe!* gib ihm!
paka. paka Katze
pakia laden, aufladen
pale dort
pamba schmücken
pamba, pamba Baumwolle, Baumwollpflanze
pamoja miteinander, gemeinsam
pana breit
panapo dort wo
panda steigen, anpflanzen
pandisha hinaufziehen

panga mieten, pachten, in Reihe stellen
panga, panga Buschmesser
pangusa abstauben, abwischen
panya, mapanya Maus
papayi, mapapayi Pawpaw-Frucht
pasha verschaffen, zukommen lassen; ~ *moto* wärmen, aufwärmen; ~ *habari* berichten
pasi, mapasi Bügeleisen; *piga* ~ glätten
pasipo ohne; ~ *kusudi* ohne Absicht

pasua spalten, zerschneiden
pata bekommen
patasi Meißel
patikana erhältlich sein
peleka hinbringen, schicken
pembe, pembe Horn, Zahn, Ecke, Maiskolben
penda lieben
pendana einander lieben
pengine anderswo
pesa, mapesa Geld, Kleingeld
pia gänzlich, zudem, ebenfalls
picha Bild, Photo
piga schlagen, (Tun in verschiedener Bedeutung); ~ *bunduki* schießen; ~ *burashi* bürsten; ~ *chapa* drucken; ~ *firimbi* pfeifen; ~ *fundo* Knoten machen; ~ *goti* Knie beugen; ~ *magoti* knien; ~ *hema* Zelt aufschlagen; ~ *hodi* anklopfen; ~ *kelele* Lärm schlagen; ~ *kengele* mit der Glocke läuten; ~ *kofi* ohrfeigen; ~ *laini* in einer Reihe stehen; ~ *loboti* rapportieren; ~ *makofi* in die Hände klatschen; ~ *matofali* Ziegel brennen; ~ *mbio* rennen; ~ *mstari* linieren, in Reihe stehen; ~ *msumeno* sägen; ~ *mvua* regnen; ~ *mnyama* Wild erlegen; ~ *ngoma* trommeln, tanzen; ~ *pasi* bügeln, glätten; ~ *pesksen* inspizieren; ~ *randa* hobeln; ~ *simu* telegraphieren; ~ *tupa* feilen

pigana sich prügeln, streiten
pika kochen
piki-piki Motorrad
piksha, piksha Bild, Photo (-apparat)
pili zweite
pili-pili Pfeffer
pima messen, untersuchen
pindua zurückbiegen
pinduka sich umdrehen
pipa, mapipa Faß, Tonne, Benzinfaß
pita vorbeigehen, übertreffen
-po da
poa kühl werden
polepole gemächlich, langsam
pombe, pombe Bier der Eingeborenen
pona gesund werden
ponya gesund machen
ponyesha gesund machen
po pote überall
pori, mapori Steppe, Grassteppe; *porini* im Busch, in der Steppe
posho, maposho Verpflegung
posta, posta Post, Postbüro
potea verloren gehen
poteza ruinieren, mißbrauchen
poza abkühlen, heilen
pua, mapua Nase
pumuzika ausruhen
punde kwa punde allmählich
punda, punda Esel
punda milia Zebra
pungua abnehmen
punguza weniger machen, reduzieren
pwani, pwani Meeresküste

R

radi, radi Donner, Blitz
rafiki, marafiki Freund
rahisi leicht zu bewältigen, billig
randa, randa Hobel
rangi, rangi Farbe
ratili engl. Pfund

-refu lang, hoch
risasi Blei-(Gewehr-)Kugel, Patrone
robo Viertel; *kasa* ~ drei Viertel
roho Geist, Leben
rudi zurückkehren
rudisha zurückschicken
ruka fliegen, springen
ruksa Erlaubnis
rungu Knüppel
rupia eine Rupie, ca. zwei Schillinge

S

saa Uhr, Stunde
saba sieben
sababu wie, da; ~ *gani?* warum?
sabini siebzig
sabuni, sabuni Seife
safari, safari Reise
safi sauber, rein, ehrlich
safiri reisen
safisha reinigen
saga mahlen
sahani, sahani Platte, Teller
sahau vergessen
saidi helfen
saidiana einander helfen
sais Pferdeknecht
salamu heil, gesund
salimia Grüße bringen von jemandem
salimiana einander grüßen
salimu grüßen
samaki, samaki Fisch
samli ausgelassene Butter, Kochfett
sana sehr, überaus, ganz, laut, am meisten
sanduku, sanduku Kiste, Koffer
sasa jetzt, sogleich
sasa hivi sofort
sauti, sauti Stimme, Laut, Lärm
sawa-sawa ganz, gleich, so
sehemu Teil, Bruchteil
sebuleni Wohnzimmer
sema sprechen
sengenge Draht

senti Münze
serikali, serikali Regierung
shamba, mashamba Pflanzung
sharti es ist nötig
shauri, mashauri Rat, Besprechung, Anliegen
shiba satt werden
shika fassen, festhalten, beobachten
shilingi, shilingi engl. Schilling
shimo, mashimo Loch, Grube
shinda besiegen, ausharren
shindilia pressen, drücken
shindwa besiegt werden, nicht können
shoka, shoka Axt
shona nähen
shitaki verklagen
shuka herabsteigen
siafu, siafu Wanderameise
siagi, siagi Butter
sibia hindern, verhindern
siki Essig
sikia hören
sikiliza anhören
sikio, masikio Ohr, Gehör
siku, siku Tag; ~ *kuu* Weihnachten; ~ *zote* immer; ~ *moja* eines Tages
simama stehen, aufstehen, stehen bleiben
simamia leiten, beistehen
simamisha aufstellen
simba, ma simba Löwe
simu, simu Telegramm

sina ich habe nicht; ~ *budi* ich muß
sindano, sindano Nadel
sisi wir; ~ *sote* wir alle
sita sechs
sitaki ich will nicht
sitima Elektrizität, Dampfmaschine
siwezi ich kann nicht, es ist mir nicht gut
siyo! nein!
soko, masoko Markt
soma lesen, lernen
songa drücken, pressen
sufuria, sufuria Kochtopf
suka flechten, stricken; ~ *mkeka* eine Matte flechten
sukari Zucker
sukuma stoßen, schieben
sumbua jemanden belästigen
sumu Gift
sumuni halber Schilling
sungura Hase
sururu Hacke
suruali, suruali Hose
Swahili Suaheli

T

taa Licht, Lampe
tafadhali den Gefallen tun; ~*!* sei so gut, bitte!
tafuta suchen
tahiri beschneiden, reinigen
taifa, mataifa Volk, Nation
tajiri reich
taka, taka Schmutz
-taka, wollen, wünschen, verlangen
take wollen, wünschen
-tamu süß, lieblich, mild
tanda bedecken, ausbreiten
tandarua Decke, Wagendecke
tandua abdecken
tandika ausbreiten, satteln
tangu seit, von ... weg
tangulia vorausgehen
tano fünf
tapika sich erbrechen
taratibu klug, sorgsam, aufmerksam
tarimbo = mtalimbo
tata, matata Schwierigkeiten
tatu drei
tawi, matawi Ast, Zweig
tayari fertig, bereit, gerüstet
tayarisha rüsten, vorbereiten
tazama schauen, betrachten
tega Falle stellen
tego Syphilis
tele viel, reichlich
telekeza abkochen
tembea spazieren
tembo, tembo Elefant; Negerbier
tena auch, wieder, nochmals
tenda vollbringen, machen
tengeneza einordnen, herstellen, reparieren
teremuka einen Hang hinabsteigen
tetemeka zittern
thelathini dreißig
themanini achtzig
thumuni 50 cts.
tia hineintun, legen
tinikata Büchsenöffner
tingatinga Dampfmaschine, Maschine
tisa neun
tisini neunzig
toa herausgeben, -nehmen
toboa durchbohren
tofali, matofali Ziegel
toka herauskommen, herausgehen
toka oder *tokea* (Präp.) seit, von ... weg
tope, matope Schmutz, Unrat

toroka davonlaufen
tosha genügen
tu (nachgestellt) nur, bloß
tuma senden, jemand anstellen
tumbaku Tabak, Schnupftabak
tumbo, matumbo Bauch
tumia gebrauchen, verbrauchen, ausgeben
tumikia dienen
tunda, matunda Frucht
tunga zusammensetzen, bilden
tupa wegwerfen
tupa, tupa Raspel, Feile
-tupu leer, nackt
twiga, twiga Giraffe

U

ua töten
ua, maua Blume
ubao, mbao Balken, Brett
ubavu, bavu Rippe
ubishi heftige Auseinandersetzung
uchafu Dreck, Schmutz
uchungu, chungu Schmerz
udongo, dongo Lehm; ~ *ulaya* Zement
ufagio, fagio Besen
ufalme Königreich
ufasiri Übersetzung
ufito, fito Rute, kleiner Stock
ugali, ugali Brei
ugonjwa, magonjwa Krankheit
uji Maissuppe
ukanda, kanda Riemen, Gurt
ukucha, kucha Nagel, Kralle
ukuta, kuta Mauer
Ulaya Europa
ulimi, ndimi Zunge
uliza fragen, abfragen
uma, auch: *umia* schmerzen
uma, nyuma Gabel
umande Morgentau, Morgennebel

umbwa = *mbwa* Hund
umeme Blitz
umia weh tun
umiza verletzen
una du hast
unene Dicke
unga, unga Mehl, Pulver
ungua verbrennen
unywele, nywele Haar
upana, mapana Breite
upande, pande Seite
upanga, panga Schwert, Buschmesser
upepo, pepo Wind
upesi Schnelligkeit, schnell
urefu Länge
ushanga, shanga Glasperle
usiku Nacht, nachts
uso nyuso Gesicht
utambi, tambi Docht
utamu Süßigkeit
uvumbi Staub
uwongo = *urongo* Falschheit, Lüge
uza verkaufen
uzi, nyuzi Faden, Garn
uzima Leben, Gesundheit

V

vaa anziehen, anlegen
vema (Adv.) gut, recht, schön
vibaya (Adv.) arg, gewaltig
viatu Schuhe
viazi Kartoffeln

vidole Finger (Mehrz.)
vile-vile ebenso, gleich
vimba anschwellen
vivu faul
vizuri (Adv.) schön, recht
vioga eßbare Pilze
vita Krieg
vitu Dinge, Sachen

vitunguu Zwiebeln
vua anziehen
vumbi, mavumbi Staub
vunja zerbrechen
vunjika zerbrechlich, zerbrochen sein
vuta ziehen, zehren
vuta tumbako rauchen

W

waka brennen
wakati, nyakati Jahreszeit; ~ *wa* währenddem
wacha = ku-acha lassen; ~ *maneno!* sei still!
wali gekochter Reis
wao sie (3. Person Mehrz.); ~ *wote* sie alle
wapi? wo?
washa anzünden
wafu, nyafu Netz
weka stellen, legen
wembe, nyembe Rasiermesser

wewe du; ~ *pekeyako* du allein; ~ *mwenyewe* du selbst
weza imstande sein, gesund sein
wimbo, nyimbo Lied, Gesang
wiki Woche
wimbi Eleusinekorn
winda jagen
wingu, mawingu Wolke
wino Tinte
-wifu eifersüchtig, neidisch
wote alle
-wongo, wawongo lügnerisch

Y

ya von
yaani nämlich
yai, mayai Ei
yanipasa ich muß

yeye er, sie, es
yoki Joch
yote alle

Z

zaa gebären
zaidi mehr, überaus, am meisten
zaliwa geboren werden
zama maji ertrinken
zamani früher, einst
zawadi, zawadi Geschenk
zidi zunehmen
zika begraben

-zima gesund, vollständig, ganz
zima auslöschen, löschen
-zito schwer (an Gewicht)
zuia hindern
zulia Teppich
zunguka sich umdrehen
zungumuza plaudern, sich unterhalten
-zuri gut, schön

Kleine Anleitung zum raschen Erlernen der Umgangssprache

Das korrekte Kisuaheli ist eine sehr schwere Sprache und wird eigentlich nur in Zansibar und an der Küste Ost-Afrikas gesprochen. Für den Afrikaner im Innern des Landes ist sie eine Fremdsprache, die er auch erlernen muß. Im Umgang mit Eingeborenen (hauptsächlich im Hochland von Kenya) genügt daher eine gewisse Vereinfachung.

Folgende kleine Anleitung zum raschen Erlernen der Umgangssprache mag dem Anfänger helfen, sich zu verständigen.

Für den, der sich in die Sprache vertiefen will, stehen andere Lehrmittel zur Verfügung.

Lerne auf einmal ca. 10 Wörter laut auswendig (Ausspracheregeln S. 9). Alle Angaben in Klammern verweisen auf die Grammatik vorne.

1. Lerne die **Zahlen** auswendig (S. 28, 29)
2. **Rechne** (hesabu)
Na = und, ni = ist gleich, jumla = Summe, ngapi? = wieviel
saba na tisa ni ngapi? saba na tisa ni kumi na sita.
kutoa = weniger, baki = bleibt, mara = mal
tisa kutoa saba baki ngapi? tisa kutoa saba baki mbili
tatu mara tano ni ngapi? tatu mara tano ni kumi na tano

3. Am einfachsten zu lernen sind die **Wörter der 4. Kl.** (S. 13). Man nennt sie auch die N-Klasse, obwohl viele Wörter darin nicht mehr mit N beginnen. *Sie haben die gleichen Formen in Einzahl und Mehrzahl.*

ndege	Vogel	safari	Reise
ndizi	Banane	kahawa	Kaffee
ngoma	Trommel, Tanz	Chai	Tee
nguo	Kleid	meza	Tisch
ngombe	Vieh	sabuni	Seife
njaa	Hunger	sahani	Platte, Teller
nyumba	Haus	asali	Honig
nyoka	Schlange	nyuki	Biene
nzige	Heuschrecke	Chumvi	Salz

njia	Weg, Straße	taa	Lampe
nazi	Kokosnuß	Dawa	Medizin, Heilmittel
nyanya	Tomate	kazi	Arbeit
samaki	Fisch	kamba	Schnur
nyama	Fleisch	mvùa	Regen
Siagi	Butter	(m̀bwa	Hund)
pembe	Horn, Maiskolben	mama	Mutter
mboga	Gemüse	baba	Vater
ndimu	Zitrone(n)saft	rafiki	Freund
siku	Tag	ndugu	Bruder, Schwester, Cousin
chupa	Flasche		
		sumu	Gift

4. Eigenschaftswörter

Sie sollten die gleichen Vorsilben haben wie die Hauptwörter der betr. Klasse (S. 15/16). Für die N-Klasse genügen aber die nachfolgenden Formen. Vom Anfänger können sie auch für die übrigen Klassen verwendet werden.

nyeup	weiß, weißlich	chungu	bitter
nyeusi	schwarz	mpya	neu
nyekundu	rot, oder alles was nicht schwarz oder weiß ist	nyembamba	eng, schmal, dünn
		tupu	leer
		ndogo	klein
mbichi, mbovu	roh, unreif	mkubwa	groß
	verfault	mrefu	lang
kali	scharf	mfupi	kurz
mbaya	schlecht	mzito	schwer
mzuri	gut	mzima	gesund
ngumu	hart	ingine	andere
nene	dick	mingi	viele

unveränderlich sind:

rahisi	billig
safi	sauber
sawa sawa	gleich, ebenso
tele	viele
tayari	bereit
maridadi	putzsüchtig, eitel
masikini	arm

5. Zeitwörter (S. 17–23)

Lasse zuerst die Bedingungsformen weg.
Jede Dingwortklasse hat ihr eigenes Verbpraefix (S. 23/24). Wenn es aber Mühe macht, diese Praefixe immer richtig anzuwenden, kann der Anfänger auf deren Anwendung verzichten.

– piga	schlagen	– oga	baden
– pika	kochen	– kamata	festhalten
– leta	bringen	– kula	essen
– fanya	tun, machen	– chemuka	sieden
– weza	können	– safisha	reinigen
– taka	wollen	– chukua	tragen
– ita	rufen	– angalia	acht geben, ansehen
– sema	sprechen, sagen	– nunua	kaufen
– ambia	mitteilen	– funika	zudecken
– fika	ankommen	– lia	schreien
– toka	kommen von, herauskommen	– tosha	genügen
		– funga	schließen
– dangania	betrügen	– fungua	öffnen
– kwenda	gehen	– pata	erhalten
(= kuenda)		– saidia	helfen
– kata	schneiden	– lala	schlafen
– kula	essen	– amuka	erwachen
– rudi	zurückkommen	– tupa	wegwerfen
– kohoa	husten	– kubali	einverstanden sein
– choma	brennen	– penda	lieben
– omba	um et. bitten	– ona	sehen
– sumbua	ärgern		

Beispiele

asali mzuri, taa mbaya, nguo mzuri, njaa kubwa, mkati na siagi, chai na kahawa, sugari au chumvi, sabuni tatu, nguo safi tano, nzige tele, njia nyembamba, baba anapenda kahawa, mama alileta chai, rafiki ataleta mboga, leta taa mbili, fanya kazi mzuri, ndugu alifika, ninapenda mama na baba, unapenda ndimu? kula samaki mbili, ndizi mbichi tano, unaweza leta mboga, alitaka kwenda safari, saa moja na nusu, ndizi kumi na moja, nyumba ishirini, tunapata chumvi, walifunga nyumba, anaona nyiuki

Schlüssel

guter Honig, eine schlechte Lampe, das schöne Kleid, großer Hunger, Brot und Butter, Tee und Kaffee, Zucker und Salz, drei Seifen, fünf saubere Kleider, viele Heuschrecken, ein schmaler Weg, der Vater liebt Kaffee, die Mutter brachte Tee, der Freund wird Gemüse bringen, bringe zwei Lampen, mache gute Arbeit, der Bruder kam an, ich liebe Mutter und Vater, liebst du Zitronensaft? iß zwei Fische, fünf unreife Bananen, du kannst Gemüse bringen, er wollte auf Reisen gehen, eine und eine halbe Stunde, elf Bananen, zwanzig Häuser, wir erhalten Salz, sie schlossen das Haus, er sieht die Bienen.

6. Noch mehr Wörter der N-Klasse

Ndoo	Eimer	namna	Art, Sorte
kofia	Hut	ngazi	Leiter
saa	Stunde	rangi	Farbe
siafu	Wanderameise	damu	Blut
feregi	Graben	deni	Schulden
desturi	Gewohnheit, Sitte	nguvu	Stärke
hatari	Gefahr	sabuni	Seife
kengele	Glocke	karatasi	Papier
nyundo	Hammer	kalamu	Bleistift
nusu	halb, Hälfte	barua	Brief
sukari	Zucker	namna	Art, Weise
mali	Vermögen, Besitz	fimbo	Spazierstock
bunduki	Gewehr, Flinte	faida	Profit
inchi	Boden, Land	homa	Fieber
kondoro	Schaf	kengele	Glocke
hesabu	Nummer, Summe	baraza	Veranda; Gerichtshof
sindano	Nadel		
hema	Zelt	bilauri	Trinkglas
njia	Pfad, kleine Straße	pilipili	Pfeffer
habari	Nachricht	chupa	Flasche
		bara-bara	große Straße

Beispiele

anataka kwenda, wanafanya kazi mzuri, tunasema Kisuaheli, alipenda kupiga, siagi natosha, nyama ngumu, alinunua samaki ndogo, ambia baba kuleta ngazi, kengele nalia, barabara mkubwa, ninaona moto mkubwa, waliita mtu.

Schlüssel

er will gehen, sie arbeiten gut, wir sprechen Kisuaheli, er liebte zu schlagen, die Butter genügt, das Fleisch ist zähe, er kaufte kleine

Fische, sage dem Vater, er solle die Leiter bringen, die Glocke ertönte, eine große Straße, ich sehe ein großes Feuer, sie riefen den Mann.

7. Hauptwörter der M-Klasse (S. 13)

mtu (od. mutu)	der Mensch, ein Mann, die Person	watu	Leute
mtoto	Kind	watoto	Kinder
mzee	alte Person	wazee	alte Leute
mwanamume	Mann	wana waume	Männer
mwana muke	Frau	wana wake	Frauen
mganga	Arzt, Heiler	waganga	Heiler
mwalimu	Lehrer	walimu	die Lehrer
mwanafunzi	Schüler	wanafunzi	die Schüler
Mpishi	Koch	wapishi	Köche
mgeni	Fremder, Gast	wageni	Fremde
mnyama	Tier	wanyama	Tiere

8. Fürwörter (S. 25, 26) und Fragewörter (S. 27)

Beispiele

mtoto anapenda sugari, mzee analala, mganga alifika, anataka kuona mtoto mkonjwa, tutaita watu, mpishi anapika (chakula), mtu amesema: leta chupa, michungwa mizuri ishirini na tisa, bunduki tano, kofia kubwa moja, nyundo mpya saba, watoto wanalia, safisha taa, watu wamependa samaki, mvua napiga, wapi hema? mtu alileta barua ngapi? mwalimu ana wanafunzi ngapi? mpishi atakuja lini? nani alifika? wageni walifika.

Schlüssel

das Kind liebt den Zucker, der Alte schläft, der Arzt ist angekommen, er will das kranke Kind sehen, wir werden die Leute rufen, der Koch kocht (die Speisen), der Mann sagt: bringe die Flasche, 29 gute Orangen, fünf Gewehre, ein großer Hut, sieben neue Hämmer, die Kinder schreien, reinige die Lampe, die Leute haben die Fische gerne gehabt, es regnet, wo ist das Zelt? wie viele Briefe brachte der Mann? wie viele Schüler hat der Lehrer? wann wird der Koch kommen? wer ist angekommen? es kamen Besucher.

9. Wörter der Mi-Klasse (S. 13)

mkono, mikono	Hand, Arm	mkate, mikate	Brot
mguu, miguu	Bein, Fuß	mswaki, miswaki	Zahnbürste
mgongo, migongo	Rücken	mwafuli, miafuli	Regenschirm
mwili, miili	Körper	mkuki, mikuki	Speer
moyo, mioyo	Herz	mstari, mistari	Linie
mfupa, mifupa	Knochen	mti, miti	Stecken
mti, miti	Baum	mwezi, miezi	Monat
moto	Feuer	mwaka, miaka	Jahr
moshi	Rauch	mlima, milima	Berg
mlango, milango	Türe	mji, miji	Stadt, Dorf
mpaka, mipaka	Grenze	mshahara, mishahara	Monatslohn
mwanzo, mianzo	Anfang		
mwisho, miisho	Ende	mungu,	Gott
		msumari misumari	Eisennagel

10. Hinweisende Fürwörter (S. 26)

11. Umstandswörter (S. 28)

juu	hinauf, oben	upesi	schnell
chini	hinab, unten	polepole	langsam
mbele	vorn	taratibu	vorsichtig
nyuma	hinten	tena	wiederum
karibu	nahe	sikuzote	immer
mbali	weit weg	halafu	nachher
kati-kati	in der Mitte	zamani	vor längerer Zeit
ndani	drin	tangu	seit
inje	außen	sasa	jetzt
kando-kando	seitlich	sasa hivi	gerade jetzt

Beispiele

mtu huyu mzee sana, watu hawa wanatembea polepole, naona miti mirefu, wanawake wanatembea taratibu, funga mlango sasa, watu wale wanafungua milango, umeona mtu gani? wapi mkuki mrefu? wageni hawa walitoka Nairobi

Schlüssel

dieser Mann ist sehr alt, diese Leute spazieren langsam, ich sehe hohe Bäume, die Frauen gehen vorsichtig, schließe jetzt die Türe, jene Männer öffnen die Türen, was für einen Mann hast du gesehen? wo ist der lange Speer? diese Leute kamen von Nairobi

12. Weitere Zeitwörter (S. 17ff.)

– sahau	vergessen	– ingia	hineingehen
– fueta	folgen	– toka	herauskommen
– maliza	beenden	– kauka	trocken werden
– toka	herausgehen	– weka	stellen, legen
– toa	herausgeben, -nehmen	– lipa	bezahlen
– oza	verfaulen	– tia	hineintun, legen
– tangulia	vorangehen	– tengeneza	einordnen, herstellen, reparieren
– sikia	hören	– soma	lesen
– ona	sehen	– kataa	sich weigern, verw.
– anguka	fallen	– pa	geben (nipe gib mir tupe gib uns)
– sikia	hören	– tafuta	suchen
– weza	können	– pima	messen, wägen
– pona	gesund werden	– pita	vorbeigehen
– ongeza	vermehren	– lokota	auflesen
– shika	halten	– vuta	stoßen
– chelewa	s. verspäten	– sukuma	ziehen
– inua	hinaufheben	– anza	anfangen
– tazama	schauen	– funga	schließen
– angalia	genau hinschauen	– fungua	öffnen
– jaribu	versuchen	– ondoa	wegnehmen

13. Ortsbezeichnung

nyumba	Haus	nyumbani	im Haus, beim Haus, ums Haus herum
soko	Markt	sokoni	auf dem Markt
njia	Straße, Weg	njiani	auf dem Weg, auf der Straße
duka	Verkaufsladen	dukani	im Laden, beim Laden
meza	Tisch	mezani	auf dem Tisch, beim Tisch
jiko	Feuerstelle	jikoni	Küche, in der Küche
mto	Fluß	mtoni	im Fluß
jua	Sonne	juani	an der Sonne
		cheroni	Mist, Dünger
		chini	auf dem Boden, unten

Beispiele

mwalimu ana mti mrefu, niona baba anapita, lokota misumari hii! tutakwenda nyumbani, mpishi anapika jikoni, miti inaanguka, kama tunafanya safari (tunasafiri) baba atangulia, weka maua mezani! tangu samani watu wakula chai, miaka sita, tangu siku saba, nitafuta mwafuli, kwenda kununua chupa ya bier dukani

Schlüssel

der Lehrer hat eine lange Rute, ich sehe den Vater vorbeigehen, lies diese Nägel auf! wir werden nach Hause gehen, der Koch kocht in der Küche, die Bäume fielen um, wenn wir auf Reisen gehen geht der Vater voraus, stelle die Blumen auf den Tisch! seit jeher trinken die Leute Tee, sechs Jahre, seit sieben Tagen, ich suche den Regenschirm, geh' und kaufe eine Flasche Bier im Laden

14. Hauptwörter der Ki-Klasse (S. 13)

kitu, vitu	Ding, Sache	kilimavilima	Berg
kisu, visu	Messer	kibiriti, vibiriti	Zündholz
kijiko, vijiko	Löffel	kikapo, vikapo	Korb
kikombe, vikombe	Tasse	kioo, vioo	Spiegel
kiti, viti	Stuhl	kiongozi, viongozi	Reiseführer
kitanda, vitanda	Bett	kiazi, viazi	Kartoffel
viatu, viatu	Schuh	kitunguu, vitunguu	Zwiebel
kitambaa, vitambaa	Tuch	chakula, viakula	Essen
kidole, vidole	Finger	choo, vyoo	Latrine, Abtritt
kichwa, vichwa	Kopf		
		chandalua, vyandalua	Moskitonetz

Beispiel

kitu kiki hapana changu, vijiko hivi vyote viako, sipendi vitabu hivi, safisha viatu yangu mara moja! Leta vikombe tatu, chakula tayari? leta vijiko vinne na sahani mbili, hatupendi vitunguu, tupenda chakula mzuri, nataka chandalua sasa, kidonda kitapoa, tuna vidole kumi na miguu miwili, watoto watapata mkati, mpishi alikata mkati jikoni, vibiriti ishirini na tatu

Schlüssel

diese Sache gehört nicht mir, das sind alles deine Löffel, ich liebe diese Bücher nicht, putze meine Schuhe sofort! Bringe drei Tassen, ist das Essen bereit? bringe vier Löffel und zwei Teller! wir lieben

Zwiebeln nicht, wir lieben eine gute Speise, ich will jetzt ein Moskitonetz, die Wunde wird heilen, wir haben zehn Finger und zwei Beine, die Kinder werden Brot erhalten, der Koch schnitt das Brot in der Küche, 23 Zündhölzer

15. Hauptwörter der Ma-Klasse (S. 13)

Viele Wörter werden nur in der Mehrzahl gebraucht.
Auch hier kann der Anfänger die Praefixe der Adjektive der N-Klasse anwenden.

shauri, mashauri	Angelegenheit	dirisha, madirisha	Fenster
		matunda	Früchte
shoka, mashoka	Axt	maua	Blumen
chupa, machupa	Flasche	majani	Gras
bakuli, mabakuli	kleine Schüssel, Tasse	maneno	Worte
		simba, masimba	Löwe
sanduku, masanduku	Kiste	tumbo	Bauch
		jua	Sonne
kanisa, makanisa	Kirche	yai, mayai	Ei, Eier
soko	Markt	maji	Wasser
maziwa	Milch		
jina, majina	Name		
mafuta	Öl		
chungwa, machungwa	Orange	jiwe, mawe	Stein
		jino, meno	Zahn
papaya	Pawpaw	dirisha, madirisha	Fenster
nanasi, mananasi	Ananas	sikio, masikio	Ohr
shamba, mashamba	Pflanzung, Farm	fundi, mafundi	Meister, Handwerker
sufuria, masufuria	Pfanne		

16. Hauptwörter der U-Klasse (S. 13)

uso	Gesicht	upande	Seite
unga	Mehl	ufagio, fagio	Besen
ugonjwa	Krankheit	wino	Tinte
usiku	Nacht	ufunguo, funguo	Schlüssel
ugali	Porridge	upanga, panga	Schwert

Beispiele

mzee ameniita, ninamfuata, mganga alimpa dawa, alituona, halafu alitusaidia, nipa chai, tupa mkati, mpa saa, mpa, tunapenda mama yetu, tunampenda, wanafuata wazee, tunawafuata, rafiki yangu anakuja, nimemwona, ninamjua (od. namjua) watanijua, umeniambia, wametusaidia, aliniomba mkati

Schlüssel

der Alte hat mich gerufen, ich folge ihm, der Arzt gab ihm Medizin, er sah uns, dann half er uns, gib mir Tee, gib uns Brot, gib ihm die Uhr, gib sie ihm, wir lieben unsere Mutter, wir lieben sie, sie folgen den Alten, wir folgen ihnen, mein Freund kommt, ich habe ihn gesehen, ich kenne ihn, sie werden mich kennen, du hast es mir gesagt, sie haben uns geholfen, er bat mich um Brot

17. Essen und Trinken

chakula, viakula	Essen, Mahlzeit	siagi	Butter
chakula cha asubuhi	Morgenessen	chisi	Käse
chakula cha mchana	Mittagessen	matunda	Obst
chakula cha jioni	Nachtessen	mboga	Gemüse
maji	Wasser	nyama	Fleisch
kahawa	Kaffee	asali	Honig
chai	Tee	sugari	Zucker
maziwa	Milch	pilipili	Pfeffer
yai, mayay	Ei, Eier	chumvi	Salz
Mkati	Brot	samagi	Fische
– kula	essen	–kùnywa	trinken
mesa	Tisch	bilauri	Glas
kiti, viti	Stuhl	chupa	Flasche
sahani	Teller	kitambaa	Serviette
kijiko, vijiko	Löffel	mwiko, miiko	Schöpflöffel
uma, nyuma	Gabel	jikoni	Küche
kisu, visu	Messer		

18. Gesundheit, Krankheit

hali	Gesundheitszustand	damu inatoka	es blutet
		kikohozi	Husten
u hali gani?	wie geht es dir	– kohoa	husten
		– uma	schmerzen
afya	Gesundheit	– pona	genesen
ngonjwa, magonjwa	Krankheit	– ponya	heilen (tr.)
mgonjwa, wagonjwa	der Kranke	– hara	Durchfall haben
mganga	der Arzt	dawa	Medizin
homa	Fieber	dawa ya kusiba	Mittel gegen Durchfall
ndui	Pocken		

kidonda, vidonda	Wunde	dawa ya kutapisha	Brechmittel
donda, madonda	große Wunde		
damu	Blut	dawa ya kuharibisha	Mittel zur Stuhlbeförderung
ukoma	Aussatz	utapishi	Erbrechen
malala	Schlafkrankheit	hospitali	Spital

19. Tiere, Insekten

mnyama, wanyama	Tier	simba	Löwe
ngombe	Vieh	chui	Leopard
paka	Katze	kiboko	Nilpferd
m̀bwa	Hund	kondoro	Schaf
nyani	Affe	kifaru	Rhinozeros
nyati od. mbogo	Büffel	guruwe	Schwein
paa	Gazelle	punda milia	Zebra
duma	Gepard	kobe	Schildkröte
twiga	Giraffe	mamba	Krokodil
sungura	Hase	nyoka	Schlange
dudu, madudu	Insekt	siafu	Wanderameise
buibui	Spinne	ndege	Vogel
nzige	Heuschrecke		

EINIGE TYPISCHE REDEWENDUNGEN UND AUSRUFE

guten Tag, geht's gut?	*Jambo! Hujambo?* oder: *yambo, huyambo*
danke, es geht mir gut	*jambo (yambo)*
wie geht es dir?	*u hali gani?*
was gibts Neues?	*habari gani?*
gute Nachrichten	*habari njema*
schlechte Nachrichten	*habari mbovu*
bevor man in das Haus eines Eingeborenen eintritt, hustet man zuerst leicht, um seine Gegenwart anzuzeigen und dann ruft man (anstatt anzuklopfen):	*hodi?*
herein!	*karibu!*
wenn man eingetreten ist, und einem ein Stuhl angeboten worden ist, so sagt man: bitte, mache keine Umstände	*starehe*
Beileidsbezeugung oder Anteilnahme an einem Unglück des Eingeborenen drückt man aus mit dem Worte	*pole!* an mehrere Personen: *poleni!*
Antwort darauf: danke!	*asante!*
bitte!	*tafadhali!*
auf Wiedersehen!	*kwa kuonana!*
adieu!	*kwa heri!* an mehrere Personen: *kwa herini!*
ja, so ist es!	*ndivyo!*
ja, tatsächlich!	*kweli! naam!*
ja, gut so!	*kabisa! vyema! basi! vizuri!*
einverstanden!	*basi!*
nein, es ist nicht so!	*sivyo!*
nein, es gibt nichts draus!	*hapana!*
nicht im geringsten!	*hata kidogo!*
komm her! nun dann!	*haya!*
sieh da!	*kumbe!*
Trauer	*ole! ah!*